Guitar • Vocal

STRUM & SING

EASY Acoustic Songs

ISBN 978-1-4803-8299-2

HAL•LEONARD® CORPORATION

7777 W. Bluemound Rd. P.O. Box 13819 Milwaukee, WI 53213

Visit Hal Leonard Online at
www.halleonard.com

Contents

The A Team

Words and Music by
Ed Sheeran

(Capo 2nd fret)

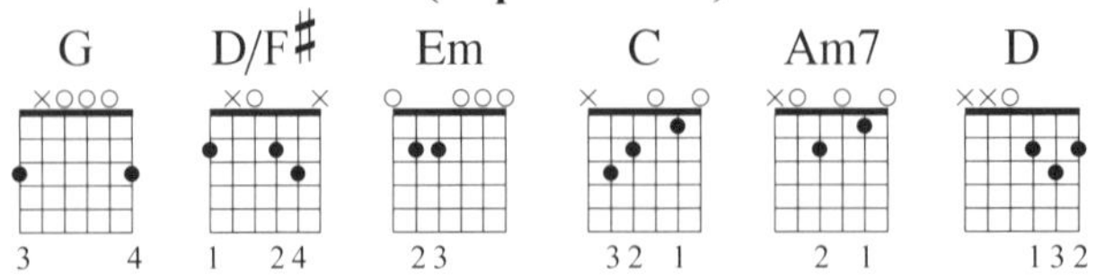

Intro

G | | | D/F♯ | Em | C | G | ‖

Verse 1

G | |
White lips, pale face,
| G D/F♯ |
Breathing in snow - flakes.
Em | C | G | |
Burnt lungs, sour taste,
G | |
Light's gone, day's end.
| G D/F♯ |
Struggling to pay rent.
Em | C | G |
Long nights, strange men.

Pre-Chorus

```
          ||Am7
And they       say

     |Am7          |C            |
She's in the Class A    Team,

C                 |G          |
Stuck in her day - dream.

G                    |D
Been this way since eighteen.

    |D        |Am7             |
But lately her face seems

Am7                  |C          |
Slowly sinking, wast - ing,

C                  |G
Crumbling like pas - tries.

          |G
And they    scream:

           |D                    |
The worst    things in life come free to us.
```

Chorus 1

```
                 ‖Em              |C                   |
'Cause we're just under the upper hand
G                          |                  |
   And go mad for a couple grams.
Em                               |C          |G          |
   And she don't want to go     outside     tonight.
           |Em                  |C                |
And in a pipe she flies to the motherland
G                          |                 |
   Or sells love to an - other man.
Em              |C             |G
   It's too cold    outside
         |D                |Em          |C             |G
For an  -  gels to fly,
     |G                |Em          |C             |G             |            ‖
An  -  gels to fly.
```

Verse 2

```
G                    |            |
   Ripped gloves,    raincoat,
                |G      D/F♯         |
Tried to swim    stay     afloat.
Em              |   C            |G            |              |
   Dry house,      wet clothes,
G                    |                 |
   Loose change,      bank notes.
               |G      D/F♯        |
Weary-eyed,     dry      throat.
Em           |      C          |G                 |
   Call girl,       no phone.
```

Repeat Pre-Chorus

Chorus 2

```
             ‖Em             |C                |
'Cause we're just under the upper hand
G                       |                     |
   And go mad for a couple grams.
Em                           |C          |G           |
   And she don't want to go     outside     tonight.
          |Em                      |C                  |
And in a pipe she flies to the motherland
G                         |                     |
   Or sells love to an - other man.
Em               |C              |G
   It's too cold     outside
        |D               |Am7
For an - gels to fly.
      |Am7      |C             |
That angel will die,
C                  |Em             |
Covered in white,
Em               |G                    |
Closed eye and hoping for a better life.
      |Am7     |                  |C                |
This     time,    we'll fade out to - night,
C                     |Em         |C           |G           |           |
Straight down the line.
Em          |C           |G           |
```

Repeat Pre-Chorus

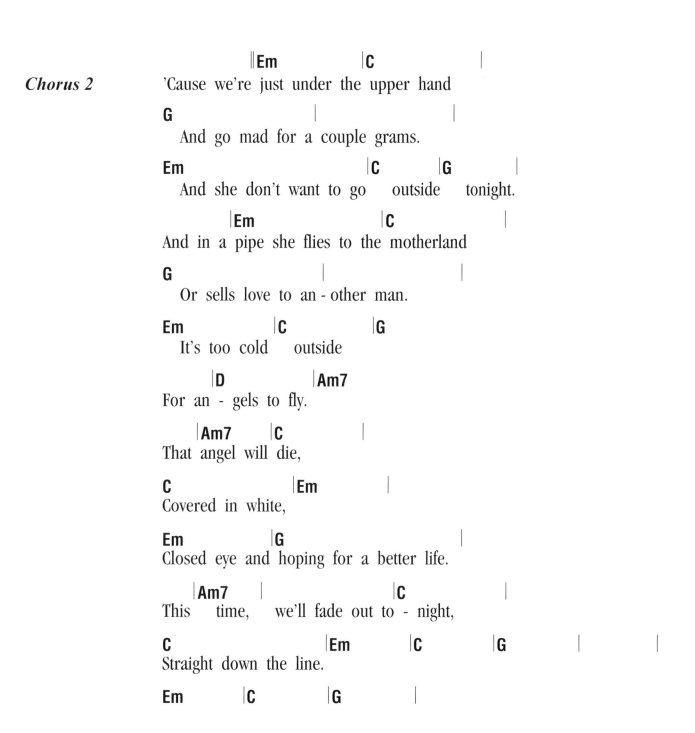

Chorus 3

```
        ||Em        |C              |
And we're all under the upper hand,
G               |              |
  Go mad for a couple grams.
Em                        |C        |G        |
  And we don't want to go   outside   tonight.
          |Em              |C              |
And in the pipe we fly to the motherland
G                   |              |
  Or sell love to an - other man.
Em             |C              |G
  It's too cold   outside
        |D             |Em        |C          |G
For an - gels to fly,
  |G            |Em        |C          |G          |
An - gels to fly,
        |Em  |C          |G
To fly,          fly,
  |G            |Em          |C          |G          |
For angels to fly,     to fly,     to fly.
D              |G            ||
Angels to die.
```

Barely Breathing

Words and Music by
Duncan Sheik

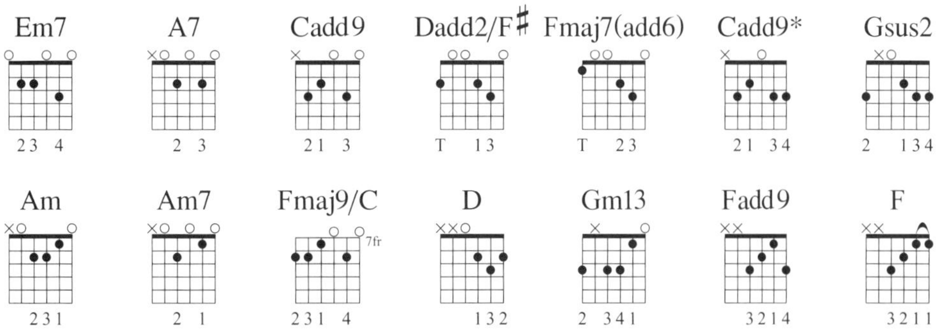

Intro ‖: Em7 | A7 | Cadd9 | Dadd2/F♯ :‖

Verse 1

|Em7 |A7
I know what you're do - ing. I see it all too clear.
|Cadd9 |Dadd2/F♯
I only taste the sa - line when I kiss away your tears.
|Em7 |A7
You really had me go - ing, wishing on a star.
|Cadd9 |Dadd2/F♯
But the black holes that surround ___ you are heavier by far.
|Em7 |A7
I believed in your confu - sion, you were so completely torn.
|Cadd9 |Dadd2/F♯
It must have been that yes - terday was the day that I was born.
|Em7 |A7
There's not much to exam - ine, nothing left to hide.
|Cadd9 |Dadd2/F♯
You really can't be se - rious if you have to ask me why.
|Fmaj7(add6) |
I say ___ goodbye.

Chorus 1

```
                        |Cadd9*              |Gsus2
'Cause I am barely breath - ing and I can't find ___ the air.
                      |Am              Am7       |Fmaj9/C
Don't know who I'm ___ kidding, imag - ining you care.
                            |Cadd9                  |Gsus2
And I could stand here wait - ing, a fool for another day.
                            |Am                    Am7
I don't suppose it's worth ___ the price, it's worth ___ the price,
           |Fmaj9/C              |              |
The price ___ that I would pay, yeah, yeah, yeah.
```

Verse 2

```
                             |Em7                |A7
And ev'ryone keeps asking, ___ "What's it all about?"
                  |Cadd9                  |Dadd2/F#
I used to be so cer - tain. Now I can't figure out.
                  |Em7            |A7           |
What is this attract - tion? I only feel ___ the pain.
                      |Cadd9                   |Dadd2/F#
And nothing left to rea - son, and only you to blame.
             |Fmaj7(add6) |
Will it ever ___ change?
```

Chorus 2

```
                        |Cadd9*              |Gsus2
'Cause I am barely breath - ing and I can't find ___ the air.
                      |Am              Am7       |Fmaj9/C
Don't know who I'm ___ kidding, imag - ining you care.
                            |Cadd9                  |Gsus2
And I could stand here wait - ing, a fool for another day.
                            |Am                    Am7
I don't suppose it's worth ___ the price, it's worth ___ the price,
           |Fmaj9/C                  |Cadd9*
The price ___ that I would pay, yeah, yeah, ___ yeah.
                     |Gsus2      |Am  Am7  Fmaj9/C
But I'm thinking it over anyway.
                   |Cadd9*    |Gsus2      |          Am   Am7 |Fmaj9/C
I'm thinking it over anyway, ___ yeah, yeah, yeah. ______ Oh.
```

Bridge

```
|D                    |Am                    |
   I've come to find ___ I may never know
|Cadd9                 |Gm13                 |
   Your changing mind.    Is it friend or foe?
|D             |Am                |
   I rise above    or sink below
|Cadd9          |Gm13               |
   With ev'ry time    you come and go.
|              |              |Fadd9  F |
Please, don't come and go.
```

Chorus 3

```
|      N.C.            |Cadd9*                  |Gsus2
'Cause I am barely breath - ing and I can't find ___ the air.
                       |Am                |Am7         |Fmaj9/C
Don't know who I'm ___ kidding, imag - ining you care.
                            |Cadd9*                      |Gsus2
And I could stand here wait - ing, a fool for another day.
                            |Am                          Am7
I don't suppose it's worth ___ the price, it's worth ___ the price,
            |Fmaj9/C                 |            |Cadd9*
The price ___ that I would pay, yeah, yeah, ___ yeah.
                     |Gsus2        |Am   Am7   Fmaj9/C
But I'm thinking it over anyway.
                  |Cadd9*     |Gsus2                  Am |Am7   |Fmaj9/C
I'm thinking it over anyway, ___ yeah, yeah, yeah. ______ Oh.
                             |                         |
And I know what you're do - ing. I see it all too clear.
```

All Apologies

Words and Music by
Kurt Cobain

Drop D tuning, down 1/2 step:
(low to high) D♭-A♭-D♭-G♭-B♭-E♭

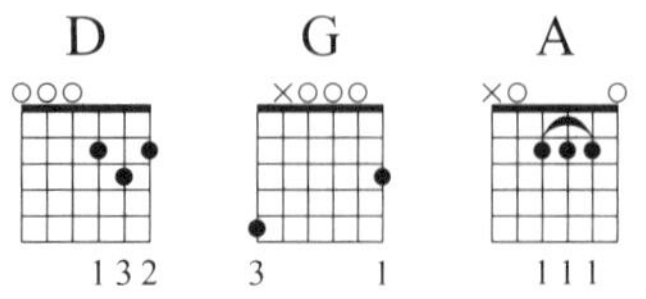

Intro

‖: N.C.(D) | | | :‖

Verse 1

|N.C.(D) | |
What else should I be? All apologies.
| | |
What else could I say? Ev'ryone is gay.
| | |
What else could I write? I don't have the right.
| | |
What else should I be? All apologies.

Chorus 1

|G | | |
In the sun, in the sun I feel as one.
| | | |
In the sun, in the sun.
|A | |
Married, buried.

Verse 2

| **N.C.(D)** | |
I wish I was like you, easily amused.
| | |
Find my nest of salt, ev'rything is my fault.
| | |
I'll take all the blame, aqua seafoam shame.
| | | |
Sunburn, freezer burn, choking on the ash - es of her enemy.

Chorus 2

| **G** | |
In the sun, in the sun I feel as one.
| | |
In the sun, in the sun.
| **A** | |
Married, married.
| | | |
Married, buried, yeah, yeah, yeah, yeah.

Interlude

| **N.C.(D)** | | | |

Outro

| **N.C.(D)** | |
||: All alone is all we all are.
| |
All alone is all we all are. :|| ***Play 5 times***
| | |
All alone is all we all,
| | |
All alone is all we all are.
| | |
All alone is all we all are.

Champagne Supernova

Words and Music by
Noel Gallagher

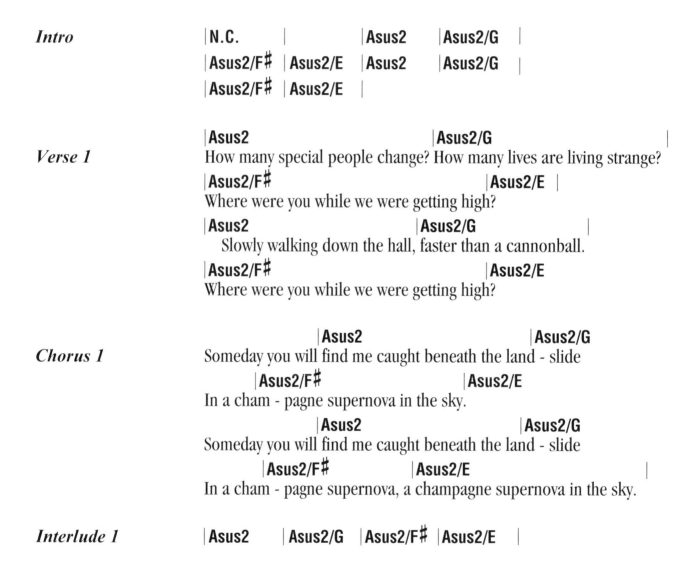

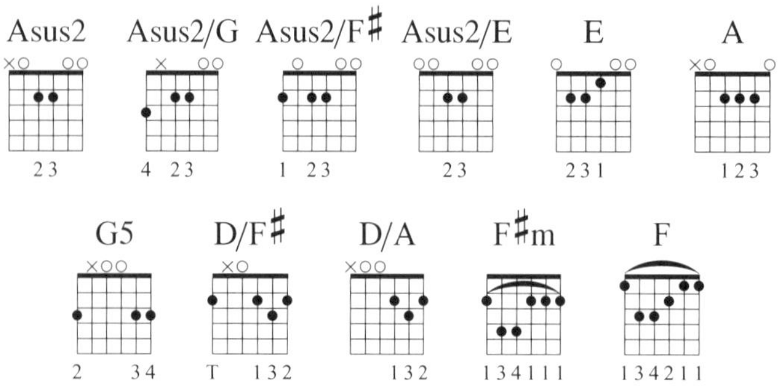

Intro

N.C.		Asus2	Asus2/G
Asus2/F♯	Asus2/E	Asus2	Asus2/G
Asus2/F♯	Asus2/E

Verse 1

| **Asus2** | **Asus2/G** |
How many special people change? How many lives are living strange?
| **Asus2/F♯** | **Asus2/E** |
Where were you while we were getting high?
| **Asus2** | **Asus2/G** |
Slowly walking down the hall, faster than a cannonball.
| **Asus2/F♯** | **Asus2/E**
Where were you while we were getting high?

Chorus 1

| **Asus2** | **Asus2/G**
Someday you will find me caught beneath the land - slide
| **Asus2/F♯** | **Asus2/E**
In a cham - pagne supernova in the sky.
| **Asus2** | **Asus2/G**
Someday you will find me caught beneath the land - slide
| **Asus2/F♯** | **Asus2/E** |
In a cham - pagne supernova, a champagne supernova in the sky.

Interlude 1

| Asus2 | Asus2/G | Asus2/F♯ | Asus2/E |

Verse 2

```
|Asus2                                    |Asus2/G                       |
Wake up the dawn and ask her why a dreamer dreams she never dies.
|Asus2/F#                                   |Asus2/E
Wipe that tear away now from your eye.
|Asus2                              |Asus2/G              |
   Slowly walking down the hall, faster than a cannonball.
|Asus2/F#                                        |E
Where were you while we were getting high?
```

Chorus 2

```
                    |A                                  |G5
Someday you will find me caught beneath the land - slide
          |D/F#                              |E
In a cham - pagne supernova in the sky.
                    |A                                  |G5
Someday you will find me caught beneath the land - slide
          |D/F#                     |E
In a cham - pagne supernova, a champagne supernova.
```

Bridge 1

```
    |G5                            |                            |A
'Cos people believe that they're gonna get away for the sum - mer.
   |G5
But you and I, we live and die.
    |D/A
The world's still spinning 'round,
                  |        E                    |
We don't know why, ____ why, why, why, why.
```

Interlude 2

```
||: Asus2    | Asus2/G   | Asus2/F#  | Asus2/E  :||
```

Verse 3

```
|Asus2                                |Asus2/G                           |
How many special people change? How many lives are living strange?
|Asus2/F#                                         |Asus2/E
Where were you while we were getting high?
|Asus2                              |Asus2/G              |
   Slowly walking down the hall, faster than a cannonball.
|Asus2/F#                                        |E
Where were you while we were getting high?
```

Chorus 3 *Repeat Chorus 2*

Bridge 2 *Repeat Bridge 1*

Guitar Solo

```
|A        |G5       |F#m      |F    G5   |
|A        |G5       |F#m      |F    G5   |
                                Na,  na,
||:A      |G5       |F#m      |F    G5  :||
  Na.  Na,  na,    na,  na.    Na,  na,
|A   G5   |F    G5  |
 Na,  na,    na,  na.
```

Interlude 3

Repeat Interlude 2

Verse 4

```
|Asus2                             |Asus2/G                          |
How many special people change? How many lives are living strange?
|Asus2/F#                                   |Asus2/E
Where were you while we were getting high?
                     |Asus2                      |Asus2/G
We were getting high, ___ we were getting high,
                     |Asus2/F#                   |Asus2/E
We were getting high, ___ we were getting high.
                     |Asus2                      |Asus2/G
We were getting high, ___ we were getting high,
                     |Asus2/F#                   |Asus2/E
We were getting high, ___ we were getting high,
                     |
We were getting high.
```

Outro

```
|Asus2    |Asus2/G  |Asus2/F# |F        |
|G5       |A        |         |         |
|Asus2/G  |Asus2/F# |F   G5   |A        ||
```

Daughters

Words and Music by
John Mayer

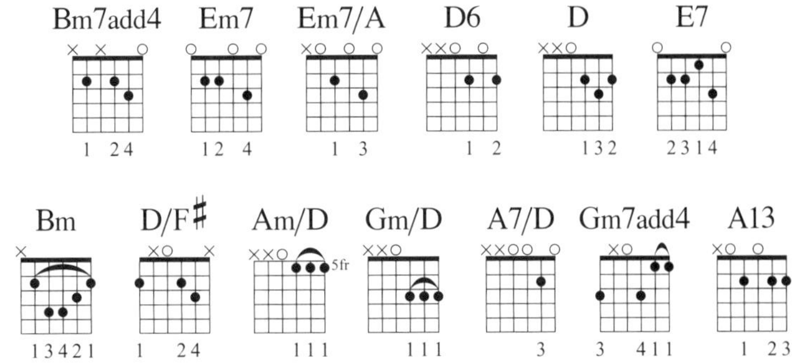

Intro

Bm7add4 | **Em7** | **Em7/A** | **D6** |

Bm7add4 | **Em7** | **Em7/A** | **D** ||

Verse 1

Bm7add4 | **Em7**
I know a girl;
| **Em7/A** | **D**
She puts the col - or inside of my world.
| **Bm7add4** | **Em7**
But she's just like a maze
| **Em7/A** | **D** **Em7** **D**
Where all of the walls all continually change.
| **Bm7add4** | **Em7**
And I've done all I can
| **Em7/A** | **D6**
To stand on her steps with my heart in my hand.
| **Bm7add4** | **Em7**
Now I'm starting to see
| **Em7/A** | **D** ||
Maybe it's got nothing to do with me.

Chorus

Bm7add4 **E7** | **Em7/A** **D** |
Fathers, be good to your daugh - ters.

Bm7add4 **E7** | **Em7/A** **D6** |
Daughters will love like you do.

Bm7add4 **E7** | **Em7/A** **D**
Girls become lovers who turn into moth - ers.

| **Bm7add4** **E7** | **Em7/A** **D6** ||
So mothers, be good to your daughters, too.

Interlude 1

Bm | **Em7** | **Em7/A** | **D** **Em7** **D/F♯** ||

Verse 2

Bm | **Em7**
Oh, you see that skin?

| **Em7/A** | **D** **Em7**
It's the same she's been standing in

D/F♯ | **Bm** | **Em7**
Since the day she saw him walking away.

| **Em7/A** | **D** **Em7** **D/F♯** ||
Now she's left cleaning up the mess he made. So

Repeat Chorus

Bridge 1

Am/D **Gm/D** | **D**
Boys you can break.

| **A7/D** | **Bm7add4**
You'll find out how much they can take.

| **Em7** | **D/F♯**
Boys will be strong, and boys soldier on,

| **Gm7add4**
But boys would be gone without the warmth

| **A13** | ||
From a woman's good, good heart.

Interlude 1 **Bm7add4 E7 | Em7/A D | Bm7add4 E7 | Em7/A D**

Bridge 2

```
        || Bm7add4 E7              | Em7/A
On behalf of every man  looking out for every girl,
D           | Bm7add4    E7           | Em7/A    D      ||
You are the god and the weight of her world.          So
```

Repeat Chorus

```
  | Bm7add4         E7       | Em7/A      D
So mothers, be good  to your daughters, too.
  | Bm7add4         E7       | Em7/A      D          ||
So mothers, be good  to your daughters, too.
```

Chasing Cars

Words and Music by Gary Lightbody,
Tom Simpson, Paul Wilson,
Jonathan Quinn and Nathan Connolly

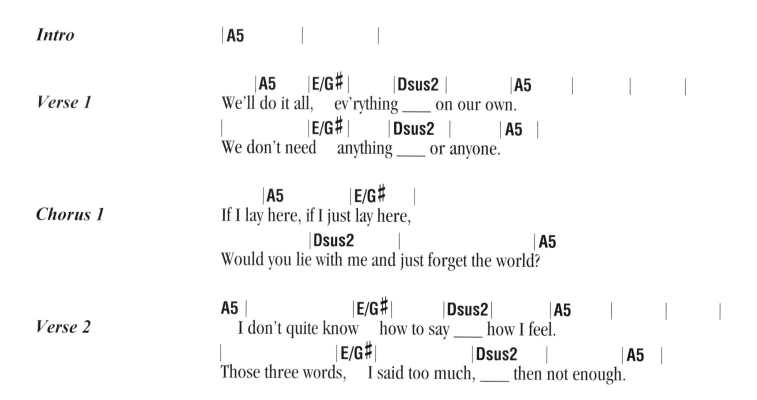

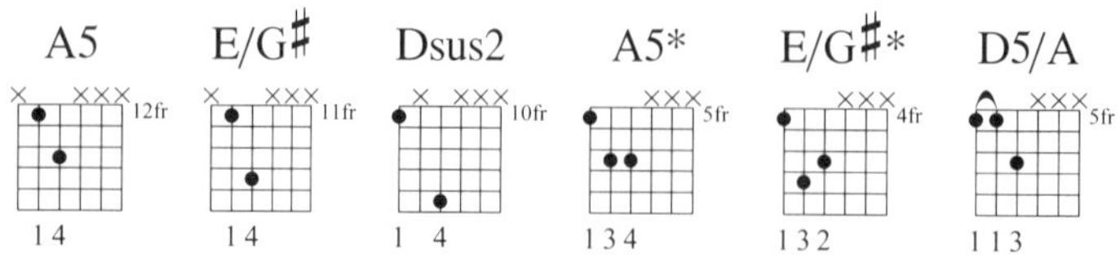

Intro

| **A5** | |

Verse 1

|**A5** |**E/G♯**| |**Dsus2**| |**A5** | | |
We'll do it all, ev'rything ___ on our own.
| |**E/G♯**| |**Dsus2** | |**A5** |
We don't need anything ___ or anyone.

Chorus 1

|**A5** |**E/G♯** |
If I lay here, if I just lay here,
|**Dsus2** | |**A5**
Would you lie with me and just forget the world?

Verse 2

A5 | |**E/G♯**| |**Dsus2**| |**A5** | | |
I don't quite know how to say ___ how I feel.
| |**E/G♯**| |**Dsus2** | |**A5** |
Those three words, I said too much, ___ then not enough.

```
            |A5            |E/G#     |
Chorus 2    If I lay here, if I just lay here,
                     |Dsus2        |                  |A5    |
            Would you lie with me and just forget the world?

                          |A5 |             |  E/G#    |
Verse 3     Forget what we're told before we get too ___ old.
                  |Dsus2        |                 |A5      |       |       |
            Show me a garden that's bursting into life.
            |              |E/G#         |Dsus2 |                |A5      |       |
            Let's waste time ___ chasing cars ___ a - round our heads.
             |               |E/G# |          |Dsus2 |             |A5     |
            I need your grace ___ to remind me ___ to find my own.

               |A5* |        |E/G#* |
Chorus 3    If I lay here, if I just lay here,
                     |D5/A         |              |    |A5* |
            Would you lie with me and just forget the world?

                          |A5*|                 | E/G#*  |
Verse 4     Forget what we're told before we get too ___ old.
                  |D5/A          |               |A5* |
            Show me a garden that's bursting into life.
                    |   |        |E/G#*  |
            All that I am, all that I ever was
                      |D5/A         |                 |A5* |
            Is here in your perfect eyes, they're all I can see.
                      |                 |E/G#*      |
            I don't know where, confused about how as well.
            |                  |D5/A                 |          |A5* |
            Just know that these things will never change for us at all.
```

Outro-Chorus *Repeat Chorus 1*

Drops of Jupiter (Tell Me)

Words and Music by Pat Monahan, Jimmy Stafford,
Rob Hotchkiss, Charlie Colin and Scott Underwood

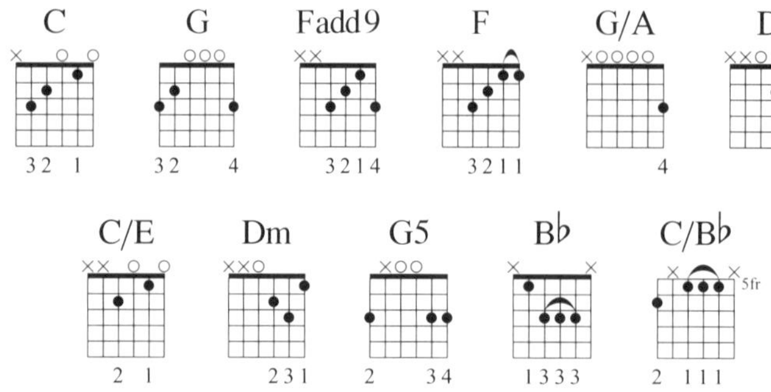

Intro

|C |G |
|Fadd9 |F |

Verse 1

|C
Now that__ she's back in the atmosphere
|G |F |
With drops of Jupiter in her hair, hey, hey,
|C
She acts like summer and walks like rain,
|G |F |
Re - minds me that there's a time to change, hey, hey.
|C
Since__ the return from her stay on the moon,
|G |F
She lis - tens like spring and she talks like June. Hey, hey.
|
Hey, hey.

Pre-Chorus 1

|G G/A |D
But tell me, did you sail across __ the sun?
C/E |F
Did you make it to the Milk - y Way
|
To see that lights all faded
|C |
And that heaven is overrated?
|G G/A |D
Tell me, did you fall for a shoot - ing star,
|Dm
One without a permanent scar?

And did you miss me
C/E |F |
While you were looking for yourself out there?

Interlude

|C |G5 |
|Fadd9 | |

Verse 2

|C |
Now that__ she's back from that soul vacation,
G5 |F |
Tracing her way through the constellation, hey, hey.
|C
She checks__ out Mozart while she does Tae-Bo,
|G |F |
Reminds__ me that there's room to grow, hey, hey.
|C
Now that__ she's back in the atmosphere
|G |F
I'm afraid__ that she might think of me as plain old Jane,
|
Told a story 'bout a man who was too afraid to fly

So he never did land.

Pre-Chorus 2

```
  |G                                    G/A        |D
But tell me, did the wind sweep you off your feet?
                                  C/E         |F
Did you fin'lly get the chance__ to dance
                                   |
Along the light of the day,
|C
   And head back to the Milky Way?
   |G                          G/A         |D
And tell me, did Venus blow your mind?
                               |Dm
Was it ev'rything you wanted to find,

And did you miss me
           C/E  |F                             |
While you were looking for yourself out there?
```

Chorus 1

```
|C          |G5          |Fadd9      |           |
                      |G
Can you imagine no love,

Pride, deep-fried chicken?
    |G                           |Fadd9      |
Your best friend always sticking up for you,
|
Even when I know you're wrong?
    G                 |C
Can you imagine no first dance?
                           |
Freeze-dried? Romance?
|
Five-hour phone conversation?
   |Bb                                  |F
The best soy latte that you ever had and me?
```

Pre-Chorus 3

```
 |G                                    G/A      |D
But tell me, did the wind sweep you off your feet?
                              C/E         |F
Did you fin'lly get the chance__ to dance
                          |
Along the light of the day
|C
    And head back toward the Milky Way?
 |G                          G/A        |D
And tell me, did you sail across__ the sun?
                          C/E     |F
Did you make it to the Milk - y Way
                           |
To see that lights all faded
|C
    And that heaven is overrated? And
|G                              G/A      |D
Tell me, did you fall for a shoot - ing star,
                          |Dm
One without a permanent scar?

And did you miss me
          C/E |F                  |
While you were looking for yourself?
```

Chorus 2

```
|C                   |
(Na, na, na, na, na, na,
|G                   |Fadd9
Na, na, na, na, na, na, na, na, na, na.)
|                                       |
And did you fin'lly get the chance to dance
                      |
Along the light of day?
|C                   |
(Na, na, na, na, na, na,
|G                          |
Na, na, na, na, na, na, na, na, na, na.)
|          |Fadd9                  |
And did you fall from a shooting star,
|                        |
Fall from a shooting star?
|C                   |
(Na, na, na, na, na, na,
|G                   |
Na, na, na, na, na, na, na, na, na, na.)
|          |B♭   C/B♭      B♭           |F     |
And are you lonely__ looking for yourself out there?
```

Fast Car

Words and Music by
Tracy Chapman

Capo 2nd fret

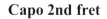

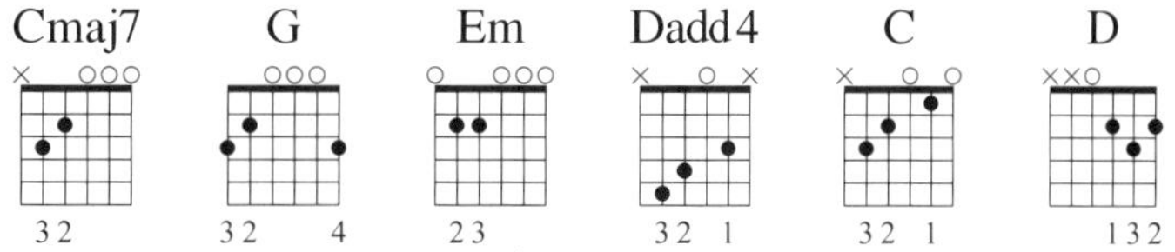

Intro ‖: **Cmaj7 G** | **Em Dadd4** :‖ ***Play 4 times***

Verse 1

| **Cmaj7** **G** |
You got a fast __ car,
| **Em** **Dadd4** |
I want a ticket ___ to anywhere.
| **Cmaj7** **G** |
Maybe we make a deal,
| **Em** **Dadd4** |
Maybe together we can get somewhere.
| **Cmaj7** **G** |
Anyplace is better.
| **Em** **Dadd4** |
Starting from zero, got nothing to lose.
| **Cmaj7** **G** |
Maybe we'll make something;
| **Em** **Dadd4** |
Me, myself, I got nothing to prove.

Interlude 1

‖: Cmaj7 G | Em Dadd4 :‖

Verse 2

```
|Cmaj7         G    |
You got a fast __ car,
|Em        Dadd4
I got a plan ___ to get us out of here.
       |Cmaj7              G                 |
I been working at the con - venience store,
|Em                Dadd4                    |
Managed to save just a little bit of money.
|Cmaj7              G      |
Won't have to drive too far,
|     Em                 Dadd4              |
Just 'cross the border and into the city.
|Cmaj7    G                    |
You and I can both get jobs
    |Em         Dadd4                      |
And finally see what it means to be living.
```

Interlude 2

Repeat Interlude 1

Verse 3

```
           |Cmaj7          G
You see, my old man's got a problem.
   |Em                  Dadd4
He live with the bottle, that's the way it is.
             |Cmaj7     G
He says his body's too old for working;
    |Em                 Dadd4
His body's too young ___ to look like his.
   |Cmaj7       G
My mama went off and left him;
    |Em                    Dadd4
She wanted more from life than he could give.
      |Cmaj7             G
I said somebody's got to take care of him.
   |Em                  Dadd4                |
So I quit school and that's what I did.
```

Interlude 3 *Repeat Interlude 1*

Verse 4

```
|Cmaj7       G
You got a fast __ car,
        |Em               Dadd4         |
But is it fast enough so we can fly away?
|Cmaj7          G          |
We gotta make a decision:
|Em              Dadd4              |
Leave tonight or live and die this way.
|Cmaj7   G   |Em   Dadd4  |Cmaj7   G   |
| Em      Dadd4                     |
   'Cause I remember when we were...
```

Chorus 1

```
|C                              |
Driving, driving in your car,
|    G                                  |
The speed so fast I felt like I was drunk.
|Em
   City lights lay out before us
          |D
And your arm felt nice wrapped 'round my shoulder.
    |C  Em   |D                        |
And I,   I had a feeling that I belonged.
|C  Em   |D                             |
I,   I had a feeling I could be someone,
|C            D             |
Be someone,   be someone.
```

Interlude 4 *Repeat Interlude 1*

Verse 5

|Cmaj7 G |
You got a fast __ car.
|Em Dadd4
We go cruising to entertain ourselves.
|Cmaj7 G
You still ain't got a job
|Em Dadd4 |
And I work in a market as a checkout girl.
|Cmaj7 G |
I know things will get better;
|Em Dadd4 |
You'll find work and I'll get promoted.
|Cmaj7 G |
We'll move out of the shelter,
|Em Dadd4 |
Buy a big house and live in the suburbs.
|Cmaj7 G |Em Dadd4 |Cmaj7 G |
|Em Dadd4 |
'Cause I remember when we were…

Chorus 2 *Repeat Chorus 1*

Interlude 5 *Repeat Interlude 1*

Verse 6

|Cmaj7 G |
You got a fast __ car.
|Em Dadd4
I got a job that pays all our bills.
|Cmaj7 G
You stay out drinking late at the bar;
|Em Dadd4 |
See more of your friends than you do of your kids.
|Cmaj7 G
I'd always hoped for better;
|Em Dadd4 |
Thought maybe together you and me'd find it.
|Cmaj7 G
I got no plans, I ain't going nowhere,
|Em Dadd4 |
So take your fast car and keep on driving.
|Cmaj7 G |Em Dadd4 |Cmaj7 G
|Em Dadd4 |
'Cause I remember when we were...

Chorus 3

Repeat Chorus 1

Interlude 6

Repeat Interlude 1

Verse 7

|Cmaj7 G
You got a fast __ car.
|Em Dadd4 |
Is it fast enough so you can fly away?
|Cmaj7 G |
You gotta make a decision:
|Em Dadd4 | |
Leave tonight or live and die this way.

Outro

||: Cmaj7 G |Em Dadd4 :|| *Play 3 times*
|Cmaj7 G ||

Good Riddance

(Time of Your Life)

Words by Billie Joe
Music by Green Day

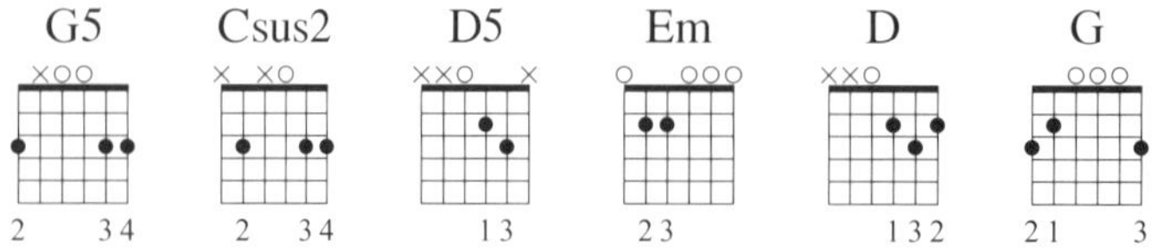

Intro

‖: G5 | | Csus2 | D5 :‖

Verse 1

| G5 | | Csus2 | D5 |
Another turn - ing point, a fork ___ stuck in the road.

| G5 | | Csus2 | D5 |
Time grabs you by the wrist, directs ___ you where to go.

| Em | D5 | Csus2 | G5 |
So make the best ___ of this test ___ and don't ask why.

| Em | D5 | Csus2 | G5
It's not a ques - tion, but a les - son learned in time.

Chorus 1

| Em | G5
It's something unpredict - able

| Em | G5
But in the end is right.

| Em | D | G5 | | Csus2 D5 | |
I hope you had the time ___ of your life.

| G5 | | Csus2 D5 | |

Verse 2

```
|G5                |                 |        Csus2    D5|      |
   So take the pho - tographs and still frames ___ in your mind.
|G5          |              |Csus2            D5|    |
   Hang it on a shelf in good ___ health and good time.
|Em              D5|              |Csus2       G5|      |
   Tattoos of mem - ories, and dead ___ skin on trial.
|Em             D5      |               |Csus2     |G5
   For what it's worth, ___ it was worth ___ all the while.
```

Chorus 2 — *Repeat Chorus 1*

Instrumental — *Repeat Verse1 (Instrumental)*

Chorus 3 — *Repeat Chorus 1*

Chorus 4

```
   |Em                 G5  |
It's something unpre - dict - able
   |Em        G5|
But in the end is right.
  |Em                D   |          |G5  |     |Csus2 D5|     |
I  hope you had the time of your life.
|G5  |     |Csus2 D5|     |
```

Hey There Delilah

Words and Music by
Tom Higgenson

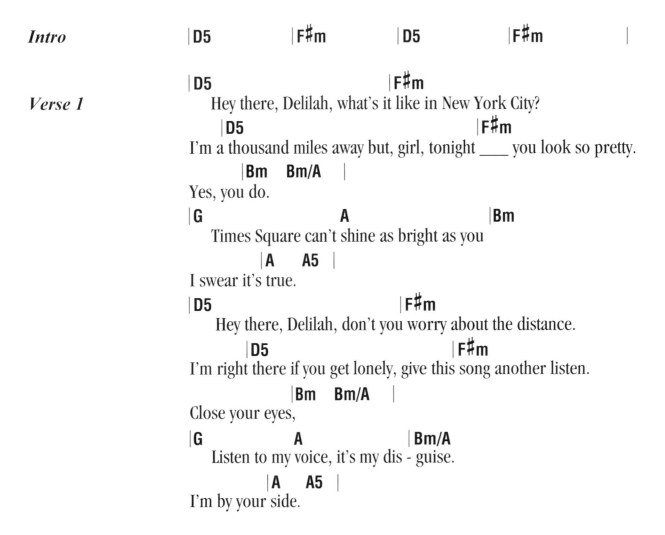

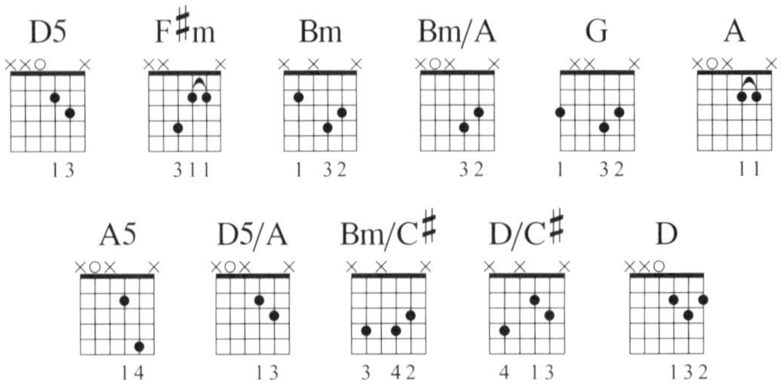

Intro |D5 |F♯m |D5 |F♯m |

Verse 1

|D5 |F♯m
Hey there, Delilah, what's it like in New York City?
|D5 |F♯m
I'm a thousand miles away but, girl, tonight ___ you look so pretty.
|Bm Bm/A |
Yes, you do.
|G A |Bm
Times Square can't shine as bright as you
|A A5 |
I swear it's true.
|D5 |F♯m
Hey there, Delilah, don't you worry about the distance.
|D5 |F♯m
I'm right there if you get lonely, give this song another listen.
|Bm Bm/A |
Close your eyes,
|G A |Bm/A
Listen to my voice, it's my dis - guise.
|A A5 |
I'm by your side.

Chorus 1

|D5 D5/A |Bm Bm/C# |
‖: Oh, it's what you do to me. :‖ *Play 3 times*
|D5 D5/A |Bm Bm/C# |D5 D5/A |
Oh, it's what you do to me, ___ what you do to me.

Verse 2

|D5 |F#m
Hey there, Delilah, I know times are gettin' hard
|D5 |F#m
But just believe ___ me, girl, someday I'll pay the bills
|Bm Bm/A |
With this guitar. We'll have it good.
|G A |Bm
We'll have the life ___ we knew we would,
|A A5 |
My word is good.
|D5 |F#m
Hey there, Delilah, I've got so much left to say.
|D5 |F#m
If ev'ry simple song I wrote to you would take your breath away,
|Bm Bm/A |
I'd write it all.
|G A |Bm
Even more in love ___ with me you'd ___ fall,
|A A5 |
We'd have it all.

Chorus 2

|D5 D5/A |Bm Bm/C# |
‖: Oh, it's what you do to me. :‖ *Play 3 times*
|D5 D5/A |Bm Bm/A |
Oh, it's what you do to me.

```
              |G
Bridge        A thousand miles seems pretty far,
                        |A
              But they've ___ got planes and trains and cars.
                 |D5                       D5/A        |Bm    Bm/A
              I'd  walk to you if I had no other way.
                 |G
              Our friends would all make fun of us
                       |A                                   |D5
              And we'll ___ just laugh along because we know
                                          D5/C#   |Bm     Bm/A
              That none of them have felt ___ this way.
                |G                                 |A
              De - lilah, I can promise you that by ___ the time we get through
                       |Bm                               |
              The world ___ will never ever be the same,
              |                          |A         |A5          |
                 And you're to blame.

              |D5                            |F#m
Verse 3          Hey there, Delilah, you be good and don't you miss me.
                          |D5
              Two more years and you'll be done with school
                        F#m                          |Bm    Bm/A    |
              And I'll ___ be makin' hist'ry like I do.
              |G                    A                |Bm    Bm/A  |
                 You'll know it's all ___ because of you,
              |G                  A              |Bm      Bm/A  |
                 We can do whatev - er we want      to.
              |G                A                   |Bm
                 Hey there, Deli - lah, here's to you,
                                 |A         |A5         |
              This one's for you.

               |D5                 D5/A      |Bm        Bm/C#  |
Outro-Chorus  ||: Oh, it's what you do to me.            :||  Play 3 times
              D5                  D5/A      |Bm                 Bm/C#  |
              Oh, it's what you do to me, ___ what you do to me.
              |D5    D5/A   |Bm    Bm/C#|D5          D5/A |Bm       Bm/C#|
                         Ho,     whoa, whoa,  oh. Whoa, ________      whoa,
              |D5       D5/A  |Bm      Bm/C#  |D5       D5/A  |
                 Whoa. ________  Oh. __________________
              Bm            Bm/C#  |D5    D5/A |D               |
              _______ Oh. ___________
```

I Will Follow You Into the Dark

Words and Music by
Benjamin Gibbard

Capo 5th fret

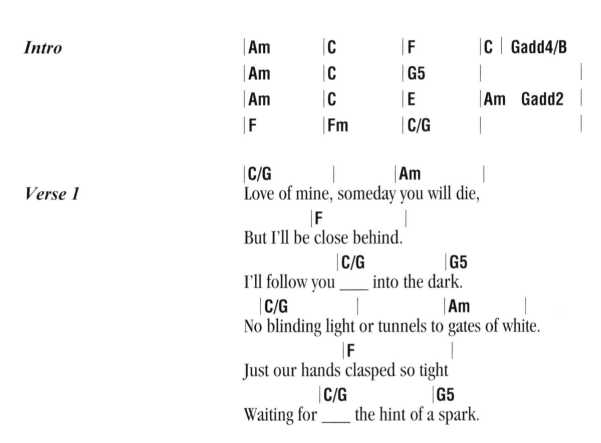

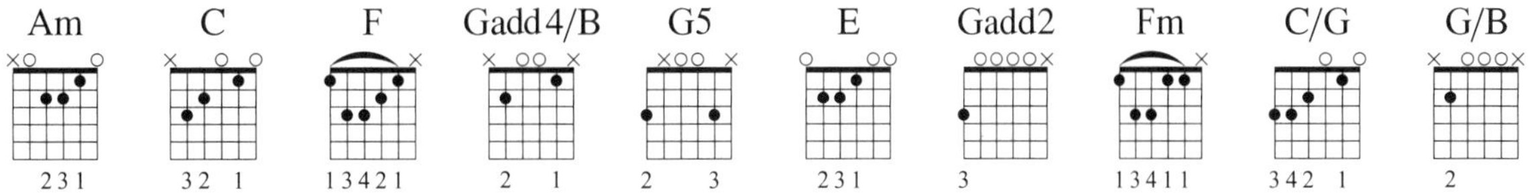

Intro

Am	C	F	C	Gadd4/B
Am	C	G5	
Am	C	E	Am Gadd2
F	Fm	C/G	

Verse 1

| C/G | | Am |
Love of mine, someday you will die,
| F |
But I'll be close behind.
| C/G | G5
I'll follow you ___ into the dark.
| C/G | | Am |
No blinding light or tunnels to gates of white.
| F |
Just our hands clasped so tight
| C/G | G5
Waiting for ___ the hint of a spark.

Chorus 1

```
|Am                    |C
If heaven and hell decide
             |F            |C  Gadd4/B
That they both ___ are satisfied,
  |Am              |C            |G5        |
Il - luminate the nos ___ on their va - cancy signs.
 |Am                   |C
If there's no one beside ___ you
          |E             |Am  Gadd2
When your ___ soul embarks,
    |F           |Fm             |C/G
Then I'll follow you ___ into the dark.
```

Verse 2

```
 |C/G          |           |Am         |
In Cath'lic school, as vicious as Roman rule,
      |F                 |     |C/G       |G5
I got my knuckles bruised by a la - dy in black.
    |C/G           |     |Am
And I held my tongue as she told me,
    |        |F         |
"Son, fear is the heart of love."
      |C/G        |G5
So I nev - er went back.
```

Chorus 2

Repeat Chorus 1

Verse 3

```
|C/G             |                    |Am           |                    |F       |
You and me, have seen ev'ry - thing to see from Bangkok to Calgary.
                  |C/G                 |G5      |C/G                |
And the soles ___ of your shoes ___ are all worn down.
                |Am             |                      |F        |
The time for sleep is now, but it's nothing to cry about
                       |C/G                        |G5               |Am
'Cause we'll hold ___ each other soon ___ in the black - est of rooms.
|F                |                 |                 |
```

Chorus 3

```
 |Am                          |C
If heaven and hell decide
                    |F                |C  Gadd4/B
That they both ___ are satisfied,
   |Am                      |C                |G5                |
Il - luminate the no's ___ on their va - cancy signs.
 |Am                           |C
If there's no one beside ___ you
                 |E                     |Am  Gadd2
When your ___ soul embarks,
      |F                   |Fm                   |C  C/G |Am
Then I'll follow you ___ into the dark.
     |F                  |Fm                     |C/G   |
And I'll follow you ___ into the dark.
```

Ho Hey

Words and Music by
Jeremy Fraites
and Wesley Schultz

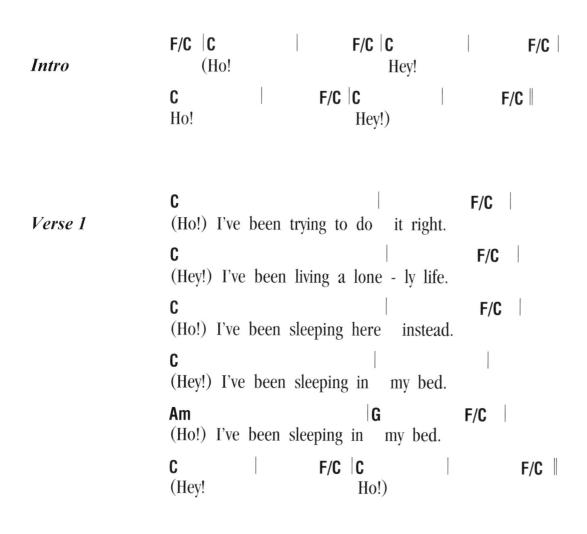

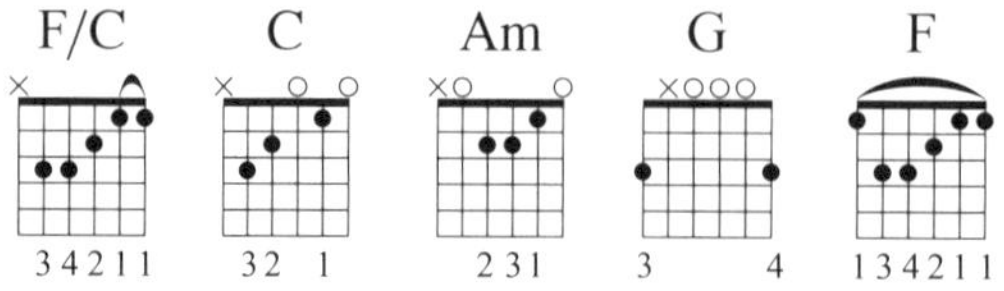

Intro

F/C |C | F/C |C | F/C |
(Ho! Hey!

C | F/C |C | F/C ||
Ho! Hey!)

Verse 1

C | F/C |
(Ho!) I've been trying to do it right.

C | F/C |
(Hey!) I've been living a lone - ly life.

C | F/C |
(Ho!) I've been sleeping here instead.

C | |
(Hey!) I've been sleeping in my bed.

Am |G F/C |
(Ho!) I've been sleeping in my bed.

C | F/C |C | F/C ||
(Hey! Ho!)

Verse 2

```
C                                  |              F/C |
(Ho!)  So  show  me  fam - ily,

C                                       |                    F/C  |
(Hey!)  All  the  blood  that  I    would  bleed.

C                                         |              F/C  |
(Ho!)  I  don't  know  where  I    belong.

C                                          |                              |
(Hey!)  I  don't  know  where  I    went  wrong.

Am                              |G             F/C  |
(Ho!)  But  I  can  write    a  song.

C              |
(Hey!  two,  three.)
```

Chorus 1

```
                    ||Am                        |G
I  belong  with  you,  you  belong  with  me;

                         |C                  |
You're  my  sweet  -  heart.

                    |Am                         |G
I  belong  with  you,  you  belong  with  me;

                  F/C        ||
You're  my  sweet…
```

Interlude

```
C          |        F/C |C           |        F/C |
(Ho!                    Hey!
C          |        F/C |C           |        F/C ||
Ho!                     Hey!)
```

Verse 3

```
C                              |          F/C |
(Ho!) I don't think you're right   for him.
C                          |              F/C |
(Hey!) Look at what it might   have been if you
C                      |          F/C |
(Ho!) Took a bus to Chi - natown.
C                      |             |
(Hey!) I'd be standing on   Canal
Am            |G        F/C |
(Ho!) And Bow - ery.
C          |           |
(Hey!)
Am                              |G         F/C |
(Ho!) And she'd be standing next   to me.
C        |
(Hey! two, three.)
```

Chorus 2

```
                ‖Am                   |G
I belong with you, you belong with me;
                 |C           |
You're my sweet - heart.
                |Am                   |G
I belong with you, you belong with me;
                 |C           |
You're my sweet - heart.
```

Bridge

```
     ‖F     |     C       |G         |C
Love,             we need     it now.
          |F    |     C               |G            |
Let's hope,           hope for some,
          |F    |     C      |G           |C
'Cause oh,            we're  bleeding out.
```

Repeat Chorus 1

Outro

```
C          |        F/C |C          |        F/C |
(Ho!                    Hey!
C          |        F/C |C          ‖
Ho!                     Hey!)
```

Home

Words and Music by
Greg Holden
and Drew Pearson

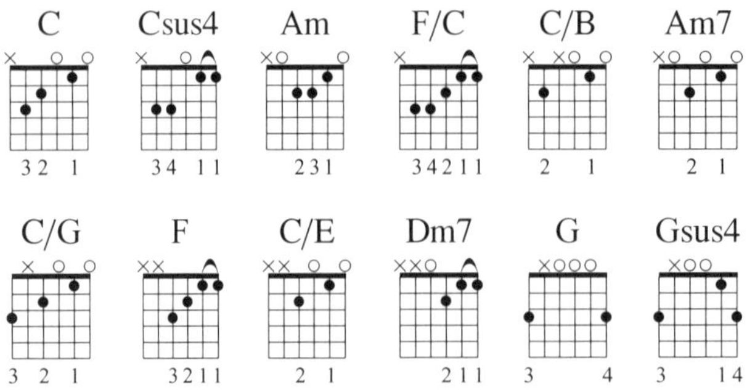

Intro

C | Csus4 | C | Csus4 ||

Verse 1

C | Csus4 | C | Csus4
Hold on to me as we go,

| C | Csus4 | C | Csus4
As we roll down this unfamiliar road.

| Am | F/C | C | Csus4
And although this wave is stringing us along,

| C C/B Am7 C/G | Am |
Just know you're not alone,

| F C/E Dm7 G | C | ||
'Cause I'm gonna make this place your home.

```
             C                |Csus4           |C          |Csus4        |
*Verse 2*    Settle down,                it'll all be   clear.

             C                     |Csus4                |C           |Csus4
             Don't pay no mind to the demons; they fill you with fear.

                |Am                   |F/C
             The trouble, it might drag you down.

                     |C                    |G
             If you get lost, you can always be found.

                |C    C/B   Am7  C/G   |Am         |
             Just know you're not   alone,

                           |F    C/E  Dm7  G   |C        |          ||
             'Cause I'm gonna make this place your   home.
```

```
               F          |C          |Am         |G          |
*Interlude 1*  Ooh,                    ooh,

               F          |C          |G          |Gsus4    G        ||
               Ooh.
```

```
               F          |C          |Am         |G          |
*Interlude 2*  Ah,                     ah,

               F          |C          |G          |Gsus4    G        ||
               Ah.
```

Repeat Interlude 2

Repeat Verse 2

Repeat Interlude 2 (3x)

If I Had $1,000,000

Words and Music by
Steven Page and Ed Robertson

Capo 2nd fret

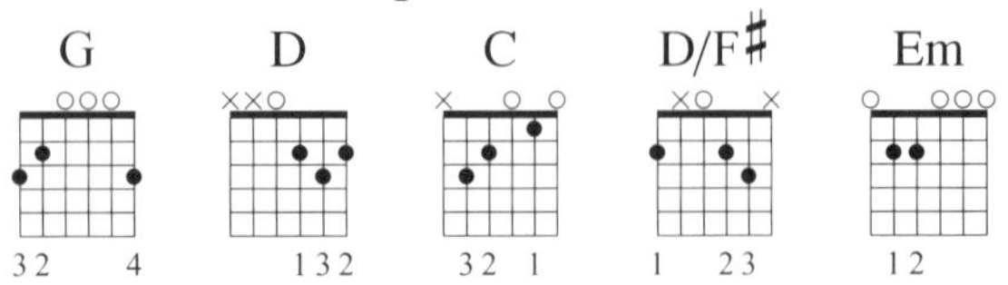

Intro

```
|:G            |D            |C            |            |
|G             |D            |C            |N.C.       :|
```

Verse 1

```
|G  |D                 |C                |                 |G
   If I  had a million dol - lars, (If I had a million dol - lars,)
          |D                |C              |             |G
Well, I'd  buy you a house. ____ (I would buy you a house.)
         |D                |C              |              |G
And if I  had a million dol - lars,( If I had a million dol - lars,)
           |D                     |C
I'd buy you furniture for your house.
                   |                   |G
 (Maybe a nice Chesterfield or an ot - toman.)
         |D                |C               |            |G
And if I  had a million dol - lars, (If I had a million dol - lars,)
          |D         |C            |               |
Well, I'd  buy you a K - Car. (A nice reliant automobile.)
|G         |D                |C
  And if I  had a million dol - lars,
   |          |D    |     |     |     |
I'd buy your love.
```

Chorus 1

|C |D |G
If I had a million dol - lars,
D/F♯ |Em D |C
I'd build a tree ____ fort in our yard.
|D |G
If I had a million dol - lars,
D/F♯ |Em |C
You could help, ____ it wouldn't be that hard.
|D |G
If I had a million dol - lars,
D/F♯ |Em D |C
Maybe we could put a little tiny fridge in there some - where.
|D
We could just go up there and hang out.
|G |D
Like open the fridge and stuff, and there'd

Already be foods laid out for us,
|C |
Like little pre-wrapped sausages and things.
|G
Mmm. They have pre-wrapped sausages,
|D
But they don't have pre-wrapped bacon.
|C |N.C.
Well, can you blame them? Yeah.

```
          |G    |D                 |C            |                 |G
Verse 2       If I had a million dol  -  lars, (If I had a million dol  -  lars,)
                     |D             |C               |                          |G
              Well, I'd  buy you a fur coat, (But not a real fur coat, that's cruel.)
                   |D                 |C            |                 |G
              And if I had a million dol  -  lars, (If I had a million dol  -  lars,)
                     |D                    |C               |               |G
              Well, I'd buy you an exotic pet. ___ (Yep, like a llama, or an e - mu.)
                   |D                 |C                    |           |G
              And if I had a million dol  -  lars, (If I had a million dol  -  lars,)
                      |D                            |C
              Well, I'd  buy you John Merrick's re  -  mains.
                            |                        |G
               (All them cra - zy elephant bones.)
                   |D                 |C
              And if I had a million dol  -  lars,
                |                |D         |          |          |          |
              I'd buy your love.

          |C    |D                 |G
Chorus 2      If I had a million dol  -  lars,
                 D/F#             |Em       D           |C
              We wouldn't have _______ to walk to the store.
                 |D               |G
              If I  had a million dol  -  lars,
              D/F#        |Em                   D           |C
              We'd take a limousine 'cause it costs more.
                 |D               |G
              If I  had a million dol  -  lars,
                 D/F#     |Em     D         |C
              We wouldn't have to eat Kraft dinner.
                          |D                              |G
              But we would eat Kraft dinner. Of course we would
                                    |D
              We'd just eat more and buy really expensive ketchups with it.
              |C                          |
              That's right. All the fanciest Dijon ketchups.
                          |G         |D          |C          |N.C.      |
              Mmm. Mmm!
```

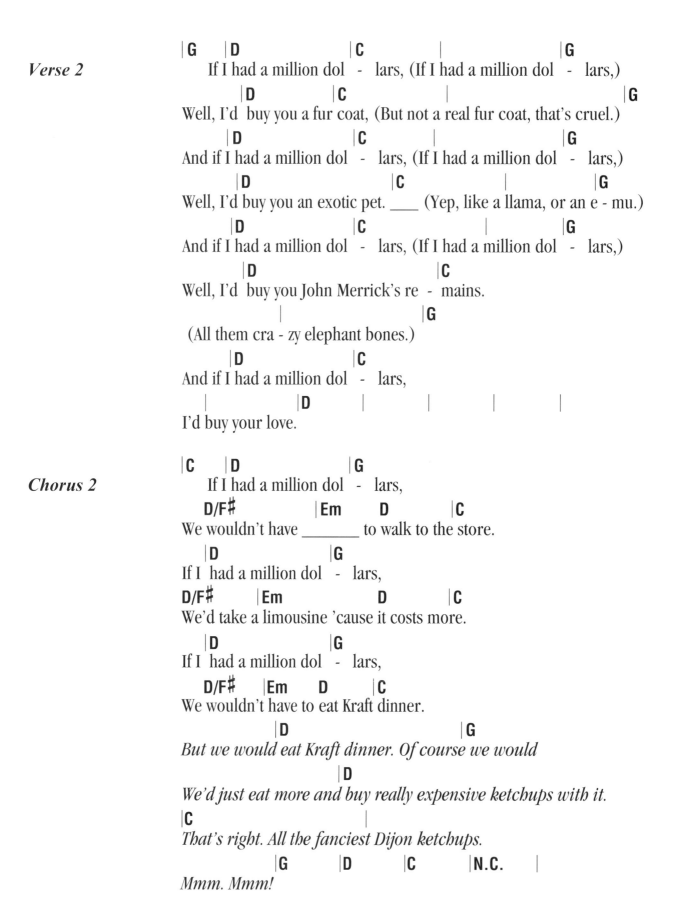

Verse 3

```
|G  |D               |C          |              |G
   If I had a million dol  -  lars, (If I had a million dol  -  lars,)
          |D              |C
Well, I'd  buy you a green dress.
            |                      |G
 (But not a real green dress, that's cruel.)
        |D                |C           |                |G
And if I had a million dol   -  lars, (If I had a million dol   -  lars,)
          |D                    |C            |             |G
Well, I'd  buy you some art. _____ (A Pi - casso, or a Gar - funkel.)
         |D                |C            |               |G
And if I  had a million dol   -  lars, (If I had a million dol   -  lars,)
          |D              |C
Well, I'd  buy you a mon   -  key.
          |                 |
(Haven't you always wanted a mon - key?)
|G        |D                  |C
   And if I  had a million dol   -  lars,
   |            |D        |         |          |          |
I'd buy your love.
```

Outro-Chorus

```
|C     |D                 |G
    If I  had a million dol  -  lars,
D/F# |Em        D         |C
If I     had a mil - lion dol   -  lars,
   |D                  |G
If I  had a million dol   -  lars,
D/F# |Em        D         |C
If I     had a mil - ion dol   -  lars,
   |D                  |G   D/F# |Em   D   |C     |
If I  had a million dol        -        lars,
|D  N.C.         |G        |C        |G        |
         I'd be rich.
```

It's Time

Words and Music by Daniel Reynolds,
Benjamin McKee and Daniel Sermon

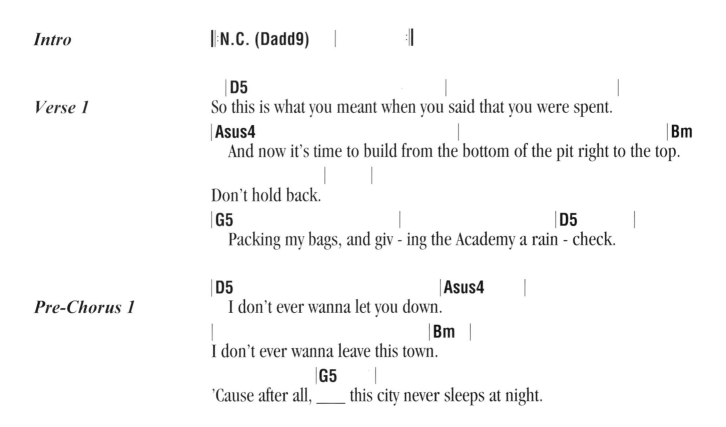

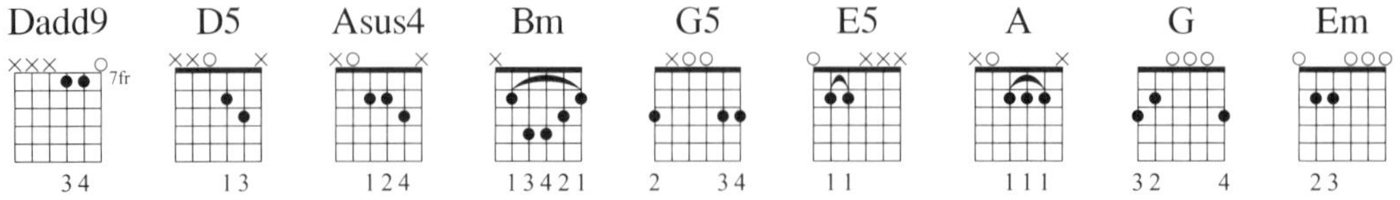

Intro

||: N.C. (Dadd9) | :||

Verse 1

| D5 | |
So this is what you meant when you said that you were spent.
| Asus4 | | Bm
And now it's time to build from the bottom of the pit right to the top.
| |
Don't hold back.
| G5 | | D5 |
Packing my bags, and giv - ing the Academy a rain - check.

Pre-Chorus 1

| D5 | Asus4 |
I don't ever wanna let you down.
| | Bm |
I don't ever wanna leave this town.
| G5 |
'Cause after all, ____ this city never sleeps at night.

Chorus 1

|D5 |
It's time to begin, isn't it?
| |Bm |
I get a little bit bigger, but then, I'll admit,
| |E5 |
I'm just the same as I was.
| |G5 | |
Now, don't you understand, ___ that I'm never changing who I am?

Interlude

|D5 | |Asus4 | |
|Bm | |G5 |

Verse 2

|D5 | |
So this is where you fell, and I am left to sell.
|Asus4 |
The path to heaven runs through miles of clouded hell,
|Bm
Right to the top.
| |
Don't look back.
|G5 | |D5 |
Turning to rags, and giv - ing the commodities a rain - check.

Pre-Chorus 2

Repeat Pre-Chorus 1

Chorus 2

|D5 |
‖: It's time to begin, isn't it?
| |Bm |
I get a little bit bigger, but then, I'll admit,
| |E5 |
I'm just the same as I was.
| |G5 |
Now, don't you understand, ___ that I'm never changing who I am? :‖

Bridge

```
Bm   |                    |A
  This road never looked so lonely.
    |                         |G
This house doesn't burn down slowly
      |Em      |G5  |  Asus4
To ash - es, to ash - es.
```

Chorus 3

```
Asus4  |N.C.(D5)             |
      It's time to begin, isn't it?
|             |                          |
I get a little bit bigger, but then, I'll admit,
|                   |(E5)  |
I'm just the same as I was.
|                          |(G5)         |
Now, don't you understand, ___ that I'm never changing who I am?
  |Bm                      |
It's time to begin, isn't it?
|             |A                         |
I get a little bit bigger, but then, I'll admit,
|                   |G5   |
I'm just the same as I was.
|E5                          |G5          |Asus4                    |
  Now, don't you understand, ___ that I'm never changing who I am?
```

Outro

```
|D5  |   |   |   |   ||
```

The Lazy Song

Words and Music by Bruno Mars, Ari Levine,
Philip Lawrence and Keinan Warsame

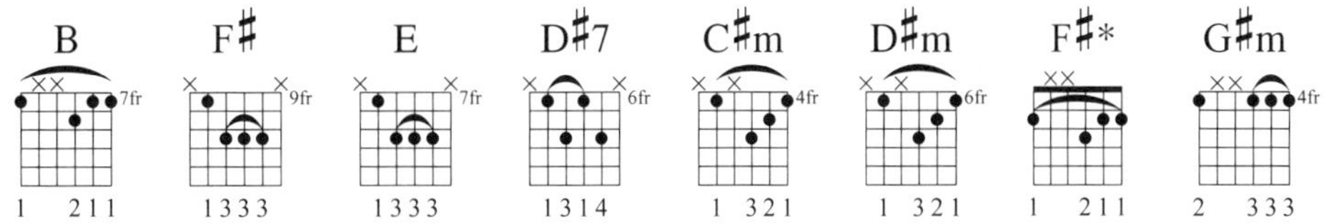

Chorus 1

|B F♯ |E |
To - day I don't feel like doin' an - ything.
|B F♯ |E
I just wanna lay in my bed.
|B F♯
Don't feel like pickin' up ___ my phone,
|E
So leave a message at the tone
|B D♯7 |E N.C.
'Cause to - day I swear I'm not doin' an - ything. Ah.

Verse 1

|B F♯ |
I'm gonna kick my feet up then stare at the fan,
|E |
Turn the TV on, throw my hand in my pants.
|B F♯ |E
Nobody's goin' tell me I can't, ___ no.
|B F♯ |
I'll be loungin' on the couch just chillin' in my Snuggie,
|E
Click to MTV so they can teach me how to dougie.
|B F# |E
'Cause in my castle, I'm the frickin' ___ man.

Pre-Chorus 1

|C♯m D♯m
Oh, yes, I said it, I said it.
|E F♯
I said it 'cause I can.

Chorus 2

|B F♯ | |
To - day I don't feel like doin' an - ything.
|B F♯ |E
I just wanna lay in my bed.
|B F♯
Don't feel like pickin' up ___ my phone,
|E
So leave a message at the tone
|B D♯7 |E N.C. |
'Cause to - day I swear I'm not doin' an - ything, noth - in' at all.

Interlude

|B F♯ |E |B
(Woo, hoo, woo, hoo, hoo.) Nothin' at all.
F♯ |E
(Woo, hoo, woo, hoo, hoo.)

Verse 2

|B F♯
Tomorrow I'll wake up, do some P-Ninety-X,
|E
Meet a really nice girl, have some really nice sex.
|B F♯ |E
And she's gonna scream out, "This is great!" __
|
(Oh my God, this is great.)
|B F♯
Yeah, I might mess around and get my college degree.
|E
I bet my old man will be so proud of me.
|B F♯ |E
But sorry, Pops, you'll just have to wait.

Pre-Chorus 2

Repeat Pre-Chorus 1

Chorus 3

```
    |B              F#           |E        |
To - day I don't feel like doin' an - ything.
|B           F#          |E     |
I just wanna lay in my bed.
       |B                       F#
Don't feel like pickin' up ____ my phone,
   |E
So leave a message at the tone
                |B                 D#7           |E           |
'Cause to - day I swear I'm not doin' an - ything.
```

Bridge

```
N.C.  |C#m                      F#*
   No, I ain't gonna comb my hair
        |G#m                         |
'Cause I ain't goin' anywhere,
|C#m            F#*                   |G#m
No, no, no, no, no, no, no, no, no, oh.
        |C#m                     F#*
I'll just strut in my birthday suit
        |G#m                      |
And let ev'rything hang loose,
|C#m                    G#*                          |G#*
Yeah, yeah, yeah, yeah, yeah, yeah, yeah, yeah, yeah, yeah.
```

Chorus 4

```
N.C.       |B               F#           |E        |
   Oh, to - day I don't feel like doin' an - ything.
|B           F#          |E     |
I just wanna lay in my bed.
       |B                       F#
Don't feel like pickin' up ____ my phone,
   |E
So leave a message at the tone
                |B                 D#7           |E                N.C.     |
'Cause to - day I swear I'm not doin' an - ything, noth - in' at all.
```

Outro

```
|B               F#           |E               |B
   (Woo, hoo,     woo, hoo, hoo.) Nothin' at all.
                 F#           |E              |N.C.     |
(Woo, hoo,     woo, hoo, hoo.) Nothin' at all.
```

Learning to Fly

Words and Music by
Tom Petty and Jeff Lynne

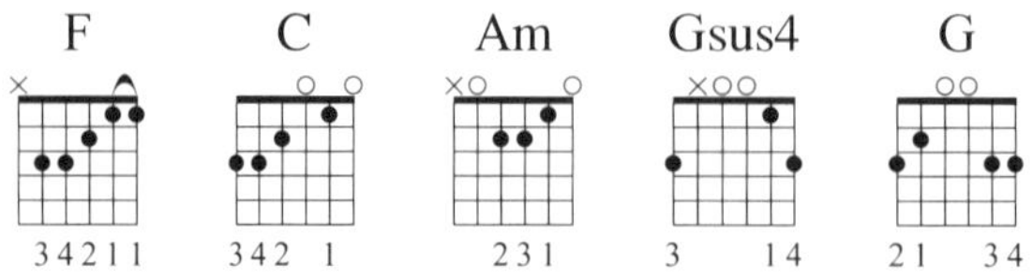

Intro ‖: F C | Am Gsus4 :‖ *Play 4 times*

Verse 1

| F C | Am Gsus4
Well, I started out
| F C | Am Gsus4 |
Down a dirty road,
| F C | Am Gsus4 |
Started out
| F C | Am Gsus4
All a - lone.

Verse 2

| F C | Am Gsus4
And the sun went down
| F C | Am Gsus4
As I crossed the hill
| F C | Am Gsus4
And the town lit up,
| F C | Am Gsus4
The world got still.

Chorus 1

```
    |F          C  |Am  G
I'm learning to fly,
      |F        C     |Am  G   |
But I ain't got wings.
|F       C     |Am   G
Comin' down
      |F        C    |Am  G
Is the hardest thing.
```

Verse 3

```
          |F         C     |Am   Gsus4
Well, the good old days
     |F        C     |Am  Gsus4
May not re - turn,
         |F            C     |Am   Gsus4
And the rocks might melt,
         |F        C      |Am  Gsus4
And the sea may burn.
```

Chorus 2

Repeat Chorus 1

Solo

```
||: F      C      |Am     G     :||
```
Play 4 times

Verse 4

```
     |F          C   |Am   Gsus4
Well, some say life
    |F         C      |Am  Gsus4
Will beat you down,
   |F           C     |Am   Gsus4
An' break your heart,
    |F          C       |Am  Gsus4
And steal your crown.
```

Verse 5

```
    |F      C   |Am   Gsus4
So I started out
    |F          C      |Am  Gsus4
For God knows where,
 |F         C     |Am   Gsus4
I guess I'll know
      |F   C     |Am  Gsus4
When I get there.
```

Chorus 3

```
   |F          C  |Am  G
I'm learning to fly
   |F          C     |Am  G   |
A - round the clouds.
|F          C |Am  G    |
What goes up
|F          C     |Am  G  |
Must come down.
```

Interlude

```
||: F      C      |Am     G     :||
```

Chorus 4

```
     |F           C
||: I'm learning to fly,
 |Am          G   |
 (Learning to fly.)
     |F       C     |Am  G    |
But I ain't got wings.
|F      C     |Am  G
Coming down
     |F       C     |Am  G
Is the hardest thing.
   |F          C
I'm learning to fly
 |Am          G   |
(Learning to fly.)
   |F         C     |Am  G
A - round the clouds.
   |F         C  |Am  G   |
An' what goes up
|F          C     |Am  G
Must come down.          :||
```

Repeat and fade

Let Her Cry

Words and Music by Darius Carlos Rucker,
Everett Dean Felber, Mark William Bryan
and James George Sonefeld

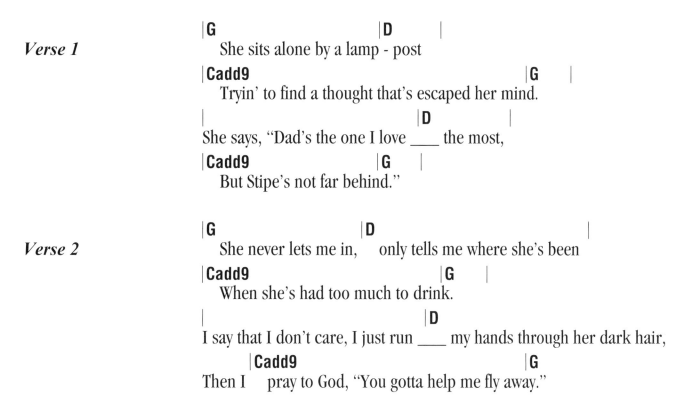

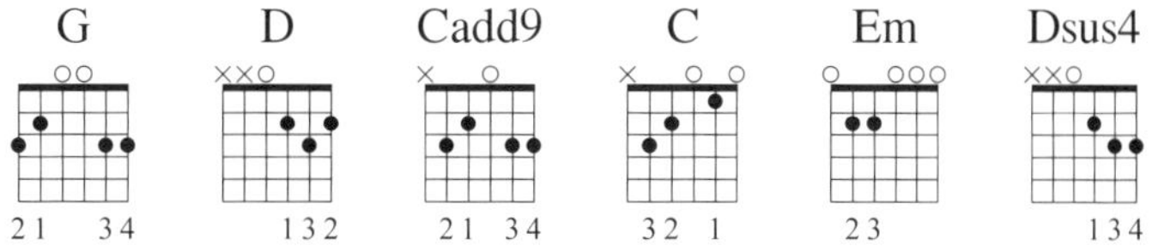

Verse 1

```
|G                          |D         |
   She sits alone by a lamp - post
|Cadd9                                |G    |
   Tryin' to find a thought that's escaped her mind.
|                                 |D          |
She says, "Dad's the one I love ___ the most,
|Cadd9                  |G    |
   But Stipe's not far behind."
```

Verse 2

```
|G                        |D                           |
   She never lets me in,     only tells me where she's been
|Cadd9                          |G     |
   When she's had too much to drink.
|                                   |D
I say that I don't care, I just run ___ my hands through her dark hair,
        |Cadd9                          |G
Then I     pray to God, "You gotta help me fly away."
```

Chorus 1

```
                       |C              |G
And just let her cry ___ if the tears ___ fall down like rain.
                 |C          |Em  G      D          |G
Let her sing, ___ if it eas - es all her ___ pain.
                |C              |G
Let her go, ___ let her walk ___ right out on me.
            |D                                      |C            |
And if the sun comes up tomorrow, let her be. ___ Let her be.
```

Guitar Solo 1

```
|G         |D         |Cadd9      |G          |
```

Verse 3

```
|G                                 |D                               |
   This morning I woke up alone,     found a note standing by the phone
|Cadd9                                        |G      |
   Sayin', "Maybe, maybe I'll be back some - day."
|                                     |D
I wanted to look for you. You walked in, I didn't know just what I should do,
     |Cadd9                                    |G
So I    sat back down and had a beer and felt sorry for myself.
```

Chorus 2

```
                       |C              |G
Sayin' let her cry ___ if the tears ___ fall down like rain.
                 |C          |Em  G      D
Let her sing, ___ if it eas - es all her ___ pain.
                |C              |G
Let her go, ___ let her walk ___ right out on me.
            |D                                      |C            |
And if the sun comes up tomorrow, let her be. ___ Let her be.
```

Guitar Solo 2

```
|G         |D         |Cadd9        |G          |
|G         |D         |Cadd9        |G          |
 Ah.                Oh.    No, no, no, no.
```

Chorus 3

```
               |C            |G
Let her cry ___ if the tears ___ fall down like rain.
                |C         |Em  G       D
Let her sing, ___ if it eas - es all her ___ pain.
              |C              |G
Let her go, ___ let her walk ___ right out on me.
           |D                                   |C      |
And if the sun comes up tomorrow, let her be. ___ Ah.
```

Breakdown

```
|G        |D   Dsus4  |Cadd9   |G        |
```

Verse 4

```
|G                          |D                          |
   Last night I tried to leave,   cried so much I could not believe
|Cadd9                                         |G   |
   She was the same girl I fell in love with long a - go.
|                                |D
She went in the back to get high,   an' I sat down on my couch and cried,
     |Cadd9                           G            |
Yellin',  "Oh, mama, please help me."  Won't you hold my hand and…
```

Chorus 4

```
               |C            |G
Let her cry ___ if the tears ___ fall down like rain.
                |C         |Em  G       D
Let her sing, ___ if it eas - es all her ___ pain.
              |C              |G
Let her go, ___ let her walk ___ right out on me.
           |D                                |G
And if the sun comes up tomorrow, let her be.
```

Chorus 5

```
               |C            |G
Let her cry ___ if the tears ___ fall down like rain.
                |C         |Em  G       D
Let her sing, ___ if it eas - es all her ___ pain.
              |C              |G
Let her go, ___ let her walk ___ right out on me.
           |D                                   |C             |G   |
And if the sun comes up tomorrow, let her be. ___ Ah, let her be.
```

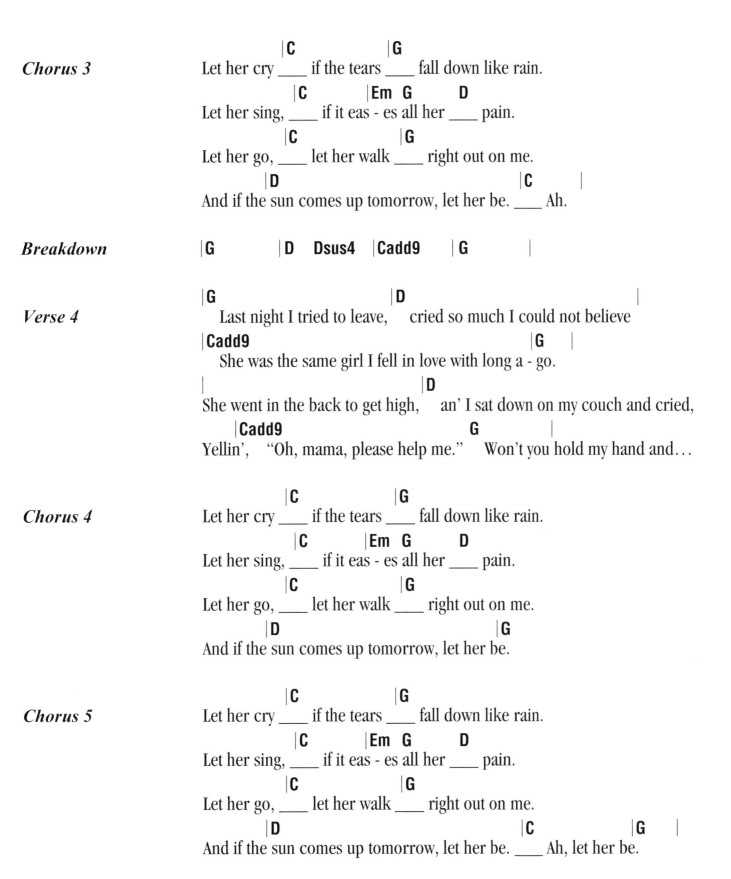

Let Her Go

Words and Music by
Michael David Rosenberg

Capo 7th fret

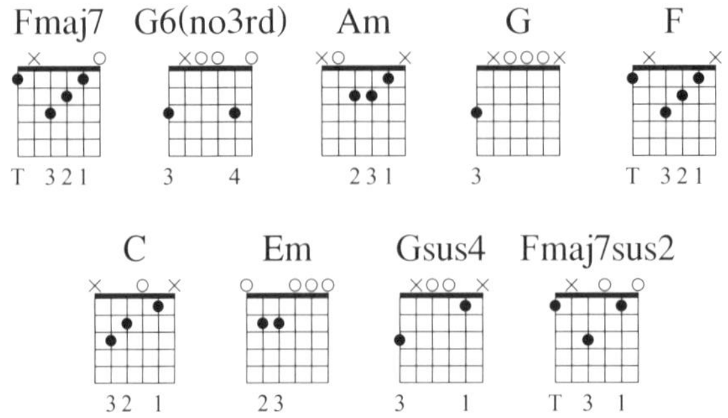

Intro ‖: **Fmaj7 G6(no3rd)** | **Am G6(no3rd)** :‖ *Play 3 times*
| **Fmaj7 G6(no3rd)** |

Chorus 1

| **Am** **G** | **F**
Well, you only need the light when it's burning low.
C | **G** **Am**
Only miss the sun when it starts to snow.
| **F** **C** |
Only know you love her when you let her go.
| **G** | **F**
Only know you've been high when you're feeling low.
C | **G** **Am**
Only hate the road when you're missing home.
| **F** **C** |
Only know you love her when you let her go.
| **G** |
And you let her go.

Interlude 1

```
| Am   Fmaj7  | G     Em    | Am   Fmaj7  | G              |
```

Verse 1

```
| Am                              Fmaj7
  Staring at the bottom of your glass,
               | G                          Em
Hoping one ___ day you'll make a dream last.
                           | Am                   Fmaj7     | G  Gsus4
But dreams come slow _____ and they go so ___ fast.
G     | Am                                Fmaj7              |
   You  see her when you close your eyes.
              | G                             Em
Maybe one ___ day you'll understand why
                 | Am              Fmaj7
Ev'rything you  touch surely dies.
```

Chorus 2

```
| G   Gsus4        G             | Fmaj7
         But you on - ly need the  light when it's burning low.
C                | G                     Gsus4        Am
   Only miss the  sun when it starts ___ to snow.
                 | Fmaj7               Fmaj7sus2    C   |
Only know you  love her when you let her go.
| G   Gsus4         G              | Fmaj7
        Only know ___ you've been  high when you're feeling low.
C                | G                              Gsus4    Am
   Only hate the  road when you're miss - ing home.
                 | Fmaj7               Fmaj7sus2    C  | G    Gsus4    G  |
Only know you  love her when you let her go.
```

Verse 2

```
| Am                              Fmaj7
  Staring at the ceiling in the dark.
                 |G                   Em
Same old emp - ty feeling in your heart,
                       |Am                Fmaj7  |G        |Gsus4  G
'Cos love comes slow ___and it goes so ___ fast.
            |Am                          Fmaj7
 Well, you  see her when you fall asleep.
                      |G                  Em
But never to touch _____ and never to keep,
                         |Am                         Fmaj7      |
'Cos you loved her too  much and you dived too ___ deep.
```

Chorus 3

```
|G  Gsus4           G          |Fmaj7
        Well, you on - ly need the  light when it's burning low.
C                |G             Gsus4       Am
   Only miss the  sun when it starts ___ to snow.
                |Fmaj7               Fmaj7sus2   C  |
Only know you  love her when you let her go.
|G  Gsus4          G              |Fmaj7
        Only know ___ you've been  high when you're feeling low.
C                |G                        Gsus4     Am
   Only hate the  road when you're miss - ing home.
                |Fmaj7               Fmaj7sus2   C  |
Only know you  love her when you let her go.
|G  Gsus4    G          |
        And you let her go.
```

Interlude 2

| Am Fmaj7 |
(Oo.) Oh, ___ oh, no.
| G Gsus4 G |
And you let her go,
| Am Fmaj7 |
Oh, ___ oh, no.
| G Gsus4 G |
Well, you let her go.
| Am Fmaj7 | G Em | Am Fmaj7 |

Chorus 4

| G Gsus4 G | Fmaj7
'Cos you on - ly need the light when it's burning low.
C | G Gsus4 Am
Only miss the sun when it starts ___ to snow.
| Fmaj7 Fmaj7sus2 C |
Only know you love her when you let her go.
G Gsus4 G | Fmaj7
Only know ___ you've been high when you're feeling low.
C | G Gsus4 Am
Only hate the road when you're miss - ing home.
| Fmaj7 Fmaj7sus2 C |
Only know you love her when you let her go.

Outro-Chorus

| G Gsus4 G | Fmaj7
'Cos you on - ly need the light when it's burning low.
C | G Am
Only miss the sun when it starts to snow.
| F C |
Only know you love her when you let her go.
| G | N.C.
Only know you've been high when you're feeling low.
|
Only hate the road when you're missing home.
|
Only know you love her when you let her go.
| |
And you let her go.

Little Talks

Words and Music by
Of Monsters And Men

Capo 1st fret

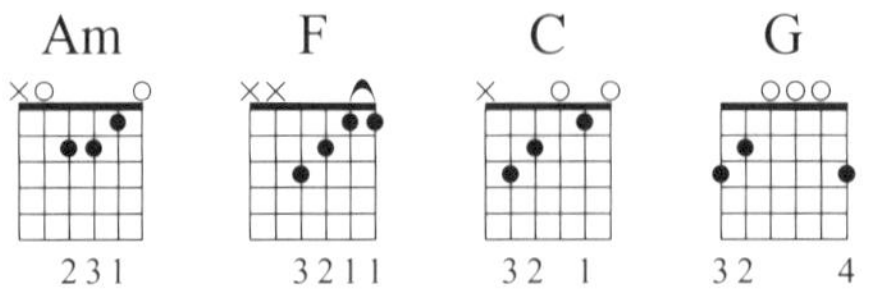

Intro

‖: Am | F | C | G :‖ *Play 3 times*
Hey!
| Am | F | C | G |

Verse 1

|Am |F |C |
Female: I don't like walking around this old ___ and empty house.
|Am |F |C
Male: So hold my hand, I'll walk with you my dear.
|Am |F |C |
Female: The stairs creak as you sleep, it's keep - ing me awake.
|Am |F |C
Male: It's the house telling you ___ to close your eyes.
|Am |F |C |
Female: An' some days I can't even trust my - self.
|Am |F C |
Male: It's killing me to see you this way.

Chorus 1

| |Am |F
Both: 'Cause though the truth may vary
|C |G
This ship will carry
|Am |F |C
Our bodies safe to shore.

Interlude 1

Repeat Intro

Verse 2

| |Am |F |C |
Female: There's an old voice in my head that's holding me back.

|Am |F |C
Male: Well, tell her that I miss our little talks.

|Am |F |C |
Female: Soon it will be over and buried with our past.

|Am |F |C
Male: We used to play out - side when we were young,

| |
And full of life and full of love.

|Am |F |C |
Female: Some days I don't know if I am wrong or right.

|Am |F |C
Male: Your mind is playing tricks on you, my dear.

Chorus 2

|Am |F
Both: 'Cause though the truth may vary

|C |G
This ship will carry

|Am |F |C N.C.|
Our bodies safe to shore. ___ Hey!

|Am |F |C |G
Don't listen to a word I say. ___ Hey!

|Am |F |C |G
The screams all sound the same. ___ Hey!

|Am |F
And though the truth may vary

|C |G
This ship will carry

|Am |F |C G
Our bodies safe to shore.

Interlude 2

||: Am |F |C |G :|| ***Play 3 times***
Hey!

||: Am |F |C |G :||

|Am | | | |

Verse 3

|Am | | |
Both: You're gone, gone, gone away. I watched you disappear.
| | |
All that's left is the ghost of you.
| | | |
Now we're torn, torn, torn apart, there's nothin' we can do.
| | |
Just let me go, we'll meet again soon.
|Am |F |C |
Now wait, wait, wait for me. Please hang around.
|Am |F |C |N.C.
I'll see you when I fall asleep. ___ Hey!

Chorus 3

|Am |F |C |G
𝄆 *Both:* Don't listen to a word I say. ___ Hey!
|Am |F |C |G
The screams all sound the same. ___ Hey!
|Am |F
And though the truth may vary
|C |G
This ship will carry
|Am |F |C G
Our bodies safe to shore. 𝄇

Outro-Chorus

|Am |F
Both: And though the truth may vary
|C |G
This ship will carry
|Am |F |C
Our bodies safe to shore.
|Am |F
Though the truth may vary
|C |G
This ship will carry
|Am |F |C |
Our bodies safe to shore.

Losing My Religion

Words and Music by William Berry,
Peter Buck, Michael Mills and Michael Stipe

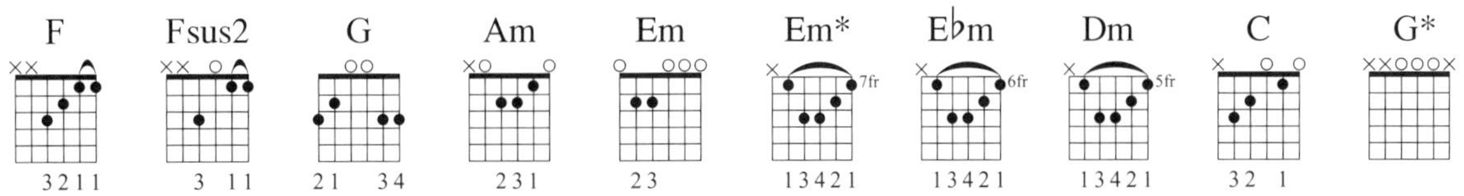

Intro

| F Fsus2 F | G Am | | |
| F Fsus2 F | G Am | G | |

Verse 1

| |Am | |Em |
Oh, life ___ is big - ger, it's bigger than you,

|Am
And you are not ___ me.

| |Em
The lengths that I will go ___ to.

| |Am |
The distance in your eyes.

|Em | *Em E♭m |Dm |
Oh no, I said too ______ much.

| |G | |Am |
I set it up. ___ That's me in the cor - ner.

| |Em | |Am |
That's me in the spot - light, losing my reli - gion,

| |Em |
Trying to keep ___ up with you.

|Am | |
And I don't ___ know if I can do it.

|Em | Em* E♭m |Dm
Oh no, I've said too _____ much.

| |G
I haven't said enough.

Chorus 1

```
|G                                  |F      Fsus2
I thought that I heard you laugh - ing.
F|                 G          |Am    |
I thought that I heard you sing.
|F              Fsus2   F |     G  |Am  G
I think I thought ___ I ___ saw you try.
```

Verse 2

```
             |Am    |                   |Em
Ev'ry whis - per of ev'ry waking hour
    |                       |Am       |
I'm choosing my confes - sions,
|                |Em                 |
Trying to keep ___ an eye on you,
             |Am                          |      |
Like a hurt ___ lost and blinded fool, fool.
|Em            |    *Em  Ebm      |Dm     |
   Oh no, I've said too _____ much.
            |G   |               |Am
I set it up. ___ Consider this.
     |              |Em                    |
Con - sider this the hint of the century.
               |Am          |    |Em                           |          |
Consider this ___ the slip that brought me to my knees, failed.
|Am               |                |Em                   |
What if all these fantasies come    flailing around?
|Em*  Ebm|Dm |         |G
Now   I've   said too much.
```

Chorus 2

Repeat Chorus 1

Interlude

```
|Am          |G           |F            |G            |
    |C                       |Am       |
But that was just a dream.
|C                        |
That was just a dream.
```

```
           | G* Am   G* | Am   |
*Verse 3*  That's me in the cor - ner.
           |                 | Em      |
           That's me in the spot - light,
           |            | Am   |
           Losing my reli - gion,
           |            | Em              |
           Trying to keep ___ up with you.
                    | Am                  |      |
           And I don't ___ know if I can do it.
           | Em          |   Em* E♭m       | Dm
              Oh no, I've said too _____ much.
            |                      | G
           I haven't said enough.

            | G                             | F   Fsus2
*Chorus 3* I thought that I heard you laugh - ing.
            | F          G         | Am   |
           I thought that I heard you sing.
            | F            Fsus2  F |   G | Am  |
           I think I thought ___ I ___ saw you try.
              | F          Fsus2 F      |
           But that was just ___ a dream.
           G     | Am          |      |
              Try. ___ Cry. Why try?
           | F          Fsus2 | F
           That was just ___ a dream.
           G    | Am        | G             |
           Just a dream, just a dream, dream.

*Outro*    ||: Am     |      |      |      :||
```

Lucky

Words and Music by
Jason Mraz, Colbie Caillat and Timothy Fagan

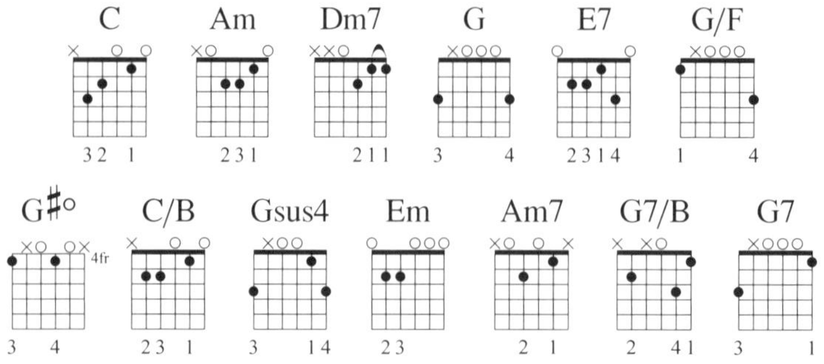

Intro

```
C          |
```

Verse 1

```
      ||C                |Am
Do you hear me talking to you?
          |Dm7             |G         |E7
Across the water, across the deep blue ocean,
          |Am
Under the open sky.
       |Dm7            |G
Oh, my,     baby, I'm try - ing.
```

Verse 2

```
     ||C             |Am
Boy, I hear you in my dreams.
          |Dm7           |G      G/F
I feel your whisper across the sea.
          |E7           |Am
I keep you with me in my heart.
             |Dm7       |G        G♯°      ||
You make it easier when life gets hard.
```

Chorus 1

Am | Dm7 | G
Lucky I'm in love with my best friend,
| C C/B | Am
Lucky to have been where I have been.
| Dm7 | Gsus4 | G |
Lucky to be coming home a - gain.
C | Am | Em | G ||
Oo, oo.

Bridge

Dm7 | Am7 | G
They don't know how long it takes,
| Dm7 |
Waiting for a love like this.
Dm7 | Am7 |
Every time we say goodbye,
G | Dm7
I wish we had one more kiss.
| Dm7 | Am7 | G Am7 | G7/B ||
I'll wait for you, I promise you I will. I'm

Chorus 2

Am7 | Dm7 | G7
Lucky I'm in love with my best friend,
| C C/B | Am7
Lucky to have been where I have been.
| Dm7 | Gsus4 | G |
Lucky to be coming home a - gain.
Am7 | Dm7 | G7
Lucky we're in love in every way,
| C C/B | Am7
Lucky to have stayed where we have stayed.
| Dm7 | Gsus4 | G
Lucky to be coming home some - day.

Verse 3

```
      ||C                  |Am
And so I'm sailing through the   sea
     |Dm7            |G
To an island where we'll meet.
              |E7         |Am
You'll hear the music fill the air.
         |Dm7  |G
I'll put a flower in your hair.
```

Verse 4

```
         ||C                   |Am
Though the breezes through the trees
         |Dm7              |G       G/F
Move so pretty, you're all I see.
        |E7                |Am
As the world keeps spinning 'round,
     |Dm7          |G          G#°      ||
You hold me right here, right now.
```

Repeat Chorus 2

Outro

```
C        |Am      |Em      |G        |
Oo,                oo.
C        |Am      |Em      |G        |C       ||
Oo,                oo.
```

Mr. Jones

Words and Music by Adam Duritz, David Bryson,
Charles Gillingham, Matthew Malley, Steve Bowman,
Daniel Vickrey and Ben Mize

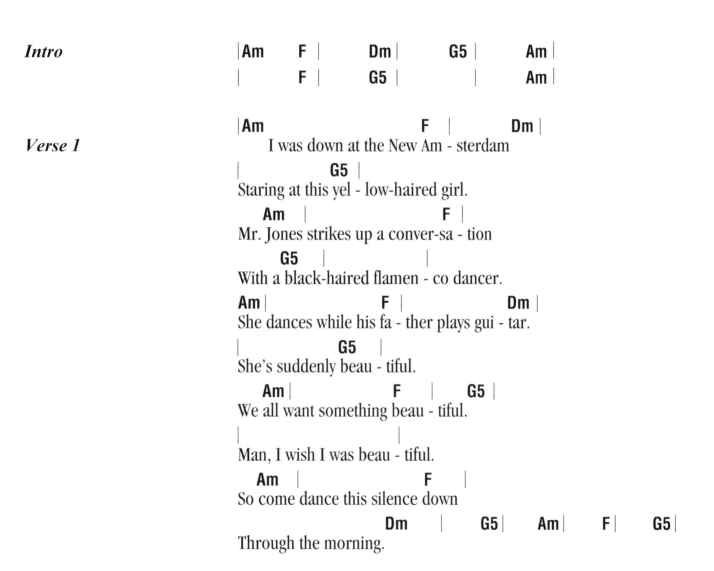

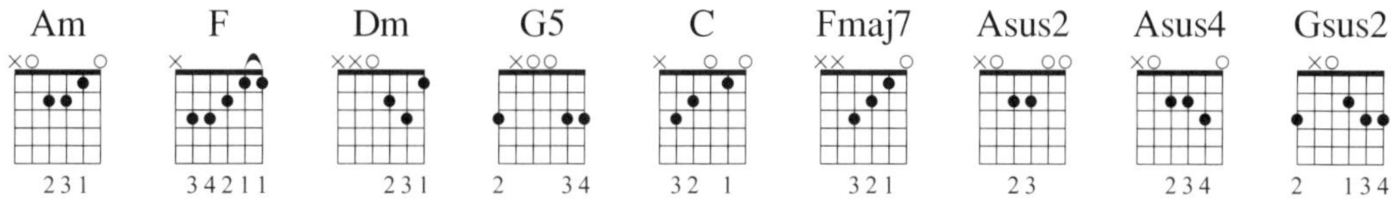

Intro

| Am F | Dm | G5 | Am |
| F | G5 | | Am |

Verse 1

| Am F | Dm |
I was down at the New Am - sterdam
| G5 |
Staring at this yel - low-haired girl.
Am | F |
Mr. Jones strikes up a conver-sa - tion
G5 | |
With a black-haired flamen - co dancer.
Am | F | Dm |
She dances while his fa - ther plays gui - tar.
| G5 |
She's suddenly beau - tiful.
Am | F | G5 |
We all want something beau - tiful.
| |
Man, I wish I was beau - tiful.
Am | F |
So come dance this silence down
Dm | G5 | Am | F | G5 |
Through the morning.

Verse 2

|Am F | Dm |
Cut up, Ma-ri - a!
| G5 | Am |
Show me some of them Span - ish dances.
| F | G5 | |
Pass me a bot - tle, Mr. Jones
|Am| F |Dm |
Believe in me,
| G5 |
Help me believe in an - ything.
Am| F | G5 |
Cause' I want to be some - one who believes.

Chorus 1

|C F| G5 |
Mr. Jones and me
| | |
Tell each other fair - y tales;
C | F |
Stare at the beautiful wom - en.
G5 |
"She's look - ing at you.
| C |
Ah, no, no, she's looking at me."
| F | G5 |
Smiling in the bright lights;
| |
Coming through in ster - eo.
C | F | G5 |
When__ ev'rybody loves__ you,
| |
You can never be lone - ly.

Verse 3

```
Am|             F  |     Dm|
I    will paint my pic - ture,
|               G5  |
Paint myself in blue and red
                      Am |
And black and gray.
|                     F  |
All of the beautiful col - ors are
          G5|            |
Very, ve - ry  meaningful.
|                       Am |                   F  |
Yeah, well, you know gray is my favorite col - or
Dm|              G5  |          Am |
I    felt so sym - bol - ic yester - day.
|              F  |
If I knew Pi - cas - so,
        G5 |             |           C   |
I would buy myself a gray guitar and play.
```

Chorus 2

```
C  F|             G5|
Mr.   Jones and me
|                 |
Look into the fu - ture.
      C |                      F   |
Yeah, we stare at the beautiful wom - en.
      G5   |
"She's look - ing at you.
                  |
Uh, I don't think so.
                C    |
She's lookin' at me."
|                     F|    G5 |
Standing in the spot - light,
                         |
I bought myself a gray guitar.
C    |                    F|   G5|
When ev'rybody loves__ me,
                      |Am   |
I will never be lone - ly.
```

```
                     |Am |                    |Fmaj7   |
Bridge                  I will never be lon - ely,

                     |             |Am        |    |G5   |    |
                     Yes, I'm never gonna be lone  -  ly.

                     |Am                    |     |
                         I want to be a li - on.

                     |Fmaj7        |                    |
                         Ev'rybody wants to pass as cats.

                     |Am                        |
                         We all want to be big, big stars,

                              |G5                        |              |
                     Yeah, but   we got different rea - sons for that.

                     |Am                  |
                         Believe in me.

                     |       |Fmaj7                 |
                     'Cause I don't believe in an - ything,

                           |Am  Asus2               |Am   Asus4      |G5     |
                     And I      want to be some - one to__ believe.


                     |C      F|                 G5 |
Chorus 3                 Mr.   Jones and me,

                     |                          |
                     Stumbling through the bar - rio.

                           C |                         F      |
                     Yeah, we stare at the beautiful wom - en.

                            G5  |
                     "She's per - fect for you.

                                      |                         C    |
                     Man, there's got to be somebody for me."

                     |                F  |
                     I wanna be Bob Dy - lan.

                         G5   |
                     Mr. Jones wishes he was someone

                         |                       C |
                     Just a little more funk - y.

                                     F    |          G5   |
                     When ev'rybody loves you, ah, son,

                     |                        |                    |
                     That's just about as fun - ky as you can be.
```

Chorus 4

|C F| G5 |
Mr. Jones and me
| |
Staring at the vid - eo.
|C F|
When I look at the televi - sion,
G5 |
I want to see me
| C |
Star - in' right back at me.
| |F
We all wanna be big stars,
G5 |
But we don't know why
|
And we don't know how.
C | F|
But when ev'rybody loves__ me,
G5| | |
I'm gonna be just about as hap - py as I can be.
|C F| |
Mr. Jones and me,
| Gsus2 | |
We're gonna be big stars.

Mean

Words and Music by
Taylor Swift

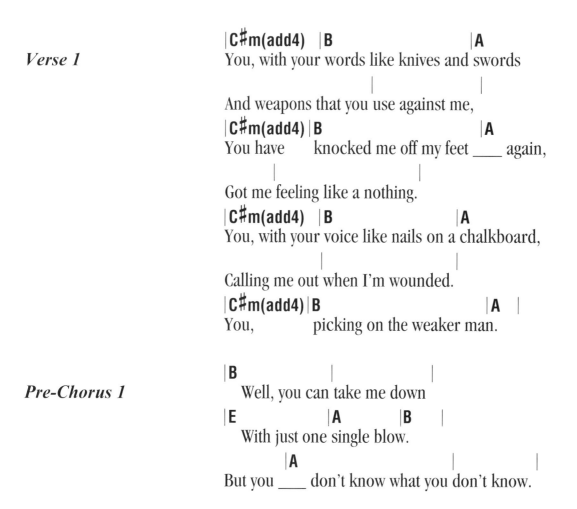

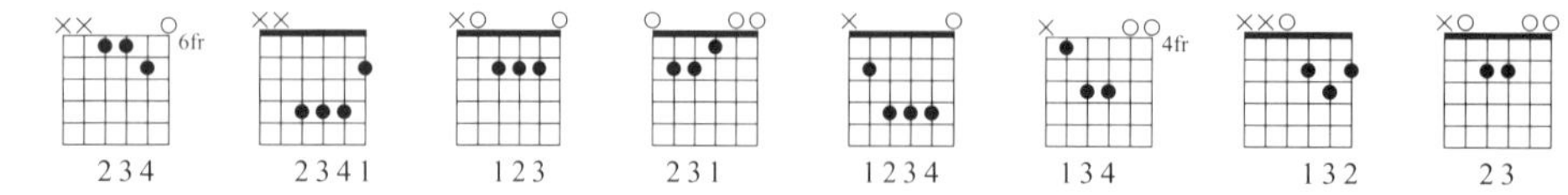

Verse 1

|C♯m(add4) |B |A
You, with your words like knives and swords
| |
And weapons that you use against me,
|C♯m(add4) |B |A
You have knocked me off my feet ___ again,
| |
Got me feeling like a nothing.
|C♯m(add4) |B |A
You, with your voice like nails on a chalkboard,
| |
Calling me out when I'm wounded.
|C♯m(add4) |B |A |
You, picking on the weaker man.

Pre-Chorus 1

|B | |
Well, you can take me down
|E |A |B |
With just one single blow.
|A | |
But you ___ don't know what you don't know.

Chorus 1

```
|E         |Badd4 |C#m7              |A
Someday, I'll be   living in a big ol' city,
    |E         |Badd4              |A      |
And all you're ever gonna be is mean.
|E         |Badd4 |C#m7                     |A
Someday, I'll be   big enough so you can't hit me,
    |E         |Badd4              |A      |
And all you're ever gonna be is mean.
|    N.C.                 |E           |D  E |
Why you gotta be so ___ mean?
```

Verse 2

```
|C#m7        |Badd4
You, with your switching sides
          |A                         |              |
And your wildfire lies and your humiliation,
|C#m7  |Badd4                  |A
You have pointed out my flaws ___ again
       |           N.C.              |
As if I don't al - ready see them.
C#m              |Badd4
  I walk with my ___ head down
         |B                          |                      |
Tryin' to block you out 'cause I'll never impress you.
|C#m7|Badd4              |A          |
I just   wanna feel okay ___ again.
```

```
                 |Badd4          |              |
*Pre-Chorus 2*      I bet you got pushed around,
                 |E          |A             |
                    Somebody made you cold.
                 |Badd4              |
                    But the cycle ends right now,
                             |A                    |
                 'Cause you __ can't lead me down that road
                        |                    |     N.C.       |
                 And you don't know what you don't ___ know.

                 |E       |Badd4 |C#m7          |A
*Chorus 2*       Someday, I'll be    living in a big ol' city,
                     |E        |Badd4        |A      |
                 And all you're ever gonna be is mean.
                 |E       |Badd4 |C#m7                    |A
                 Someday, I'll be    big enough so you can't hit me,
                     |E        |Badd4        |A      |
                 And all you're ever gonna be is mean.
                 |                    |E          |     |D  E |Badd4 |
                 Why you gotta be so ___ mean?

*Mandolin Solo*  |Asus2     |  Badd4  |Asus2    |          |

                 |        |Badd4                     |         |
*Bridge*         And I can see you years from now in a bar,
                 |E               |A              |
                    Talking over a football game,
                 |Badd4               |                 |E          |A         |
                    With that same big loud opinion but     nobody's listening.
                 |Badd4                 |             |C#m7    |Badd4 |Asus2 |
                    Washed up and rant - ing about the same old bitter    things.
                 |Badd4                 |          |C#m7  Badd4 |Asus2 |
                 Drunk and grumblin' on about how I          can't    sing.
```

Interlude

```
|                    |E           |Badd4 C#m7  |
But all you are is ___ mean.
|A             |E            |Badd4
All you are is mean and a liar
         |C#m7          |A
And pa - thetic and a - lone in life
    |E          |Badd4      |C#m7      |A
And mean, and mean, and mean, and mean.
```

Chorus 3

```
   |N.C.       |       |                  |
But someday, I'll be living in a big ol' city,
    |          |                 |      |        |
And all you're ever gonna be is mean. Yeah!
|E        |Badd4  |C#m7                     |A
Someday, I'll be    big enough so you can't hit me,
    |E         |Badd4             |A      |                       |       |
And all you're ever gonna be is mean. (Why you gotta be so mean?)
```

Chorus 4

```
|E        |Badd4 |C#m7              |A
Someday, I'll be    living in a big ol' city,
    |E         |Badd4             |A      |
And all you're ever gonna be is mean.
|E        |Badd4 |C#m7                      |A
Someday, I'll be    big enough so you can't hit me,
    |E         |Badd4             |A      |
And all you're ever gonna be is mean.
|                      |E          |
Why you gotta be so ___ mean?
```

One

Lyrics by Bono and The Edge
Music by U2

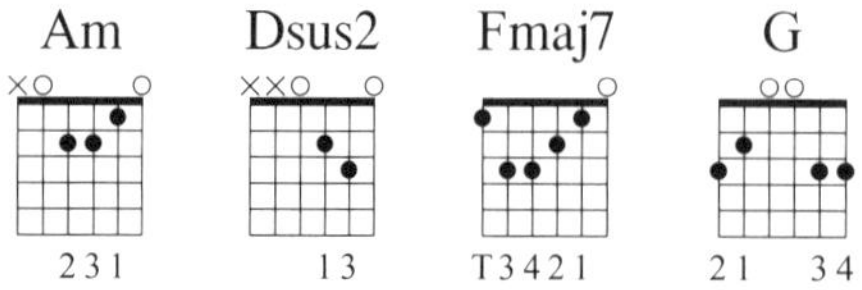

Intro | Am | Dsus2 | Fmaj7 | G |

Verse 1
|Am | Dsus2 | |
Is it getting better,
|Fmaj7 | |G | |
Or do you feel the same?
|Am |Dsus2 | |
Will it make it ea - sier on you now
|Fmaj7 | |G |
You've got someone to blame?

Chorus 1
|C |Am |
You say: one love, one life,
|Fmaj7 |C | |
When it's one need in the night.
| |Am | |
One love, we get to share it,
|Fmaj7 | |C |Am |Dsus2 |Fmaj7 |G |
Leaves you baby if you don't care for it.

Verse 2

|Am |Dsus2 | |
Did I disappoint ___ you,
|Fmaj7 | |G | |
Or leave a bad taste in your mouth?
|Am | |Dsus2 | |
You act like you never had love,
|Fmaj7 | |G |
And you want me to go without.

Chorus 2

|C |Am | |
Well, it's too late, tonight,
|Fmaj7 | | C | |
To drag the past out in - to the light.
| | |Am |
We're one, but we're not the same,
| |Fmaj7 | | C |
We get to carry each oth - er, carry ___ each other,
| Am |Dsus2 |Fmaj7 |G |
One.

Verse 3

|Am | |Dsus2 | |
Have you come here for forgive - ness,
|Fmaj7 | |G | |
Have you come to raise the dead?
|Am | |Dsus2 | |
Have you come here to play Jesus,
|Fmaj7 | |G |
To the lepers in your head?

```
                          |C      |              |Am           |       |
Chorus 3                    Did I ask too much,    more than a lot?
                          |Fmaj7         |              |   C       |       |
                            You gave me nothing now it's ___ all I got.
                          |          |          |Am             |
                          We're one, but we're not the same,
                          |        |Fmaj7                |         |C            |
                          Well, we    hurt each other, then we do it again.

                          |        |C                    |      Am               |
Bridge                    You say:   Love is a temple, love ___ a higher law.
                          |      C            |      Am             |       |
                          Love ___ is a temple, love ___ the higher law.
                          |         C         |       |G                  |         |
                          You ask ___ me to enter but then you make me crawl,
                          |             |          |Fmaj7               |    |
                          And I can't be holding on ___ to what you've got
                                |              |
                          When all you've got is hurt.

                           C     |    Am     |          |
Chorus 4                    One love,    one blood,
                          |Fmaj7     |          |C            |         |
                            One life, you got to do what you should.
                          |        |Am           |       |Fmaj7     |C           |        |
                          One life,    with each other,    sisters,    brothers.
                          |                |Am             |
                          One life but we're    not the same,
                          |        |Fmaj7         |       |        C            |
                          We get to    carry each other, carry ___ each other.
                          |      C   |Am   |Fmaj7  |C      |
                          One, ___    one.
                          ||: C       |Am     |Fmaj7       |C     :||  Repeat w/ vocal ad lib.
                             C       |Am      |    Fmaj7   |C
                          ||: Ah, ah. ___ Oh, ah, ___ ah.          :||
```

Put Your Records On

Words and Music by John Beck,
Steven Chrisanthou and Corinne Bailey Rae

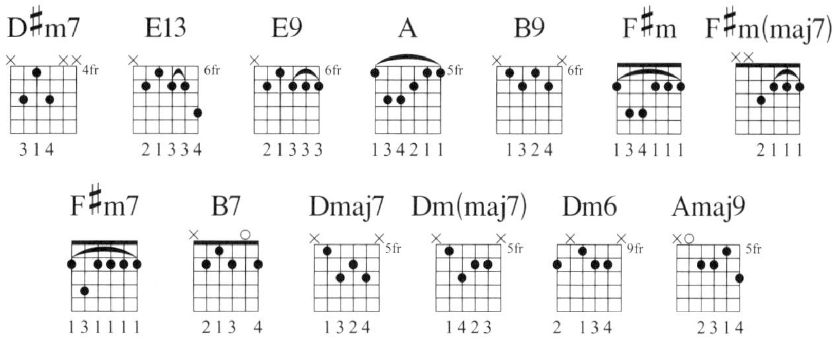

Intro

|N.C.(A) |D♯m7 |E13 E9 |

Verse 1

|A |B9 |
Three little birds sat on my window
|E13 E9 |A |
And they told me I don't need to worry.
| |B9 |
Summer came like cinna - mon, so sweet.
|E13 E9 |A |
Little girls double dutch on the con - crete.

Pre-Chorus 1

|F♯m |F♯m(maj7) |F♯m7
Maybe some - times we ___ got it wrong,
|B7 |
But it's al - right.
|Dmaj7 |
The more ___ things seem to change,
|Dm(maj7) |
The more ___ they stay the same.
| |
Ooh, don't you hesitate.

Chorus 1

```
|A                           |B9                       |
Girl, put your records on. ___ Tell me your fav'rite song.
|E13      E9                    |A         |
   You go ahead, let your hair ___ down.
|                            |B9                          |
Sapphire and faded jeans, ___ I hope you get your dreams.
|E13      E9                    |A         |
   Just go ahead, let your hair ___ down.
|Dmaj7                              |Dm6            |N.C.(A) |
   You're gonna find yourself some - where, some - how.
```

Verse 2

```
|A                 |B9                 |
   Blue as the sky, sunburnt and lonely,
|E13          E9                   |A    |
   Sippin' tea in a bar by the roadside.
|                          |B9           |
Don't you let those other boys fool you,
|E13          E9          |A       |
   Gotta love that Afro hairdo.
```

Pre-Chorus 2

```
|F#m              |F#m(maj7) |F#m7
   Maybe some - times      we ___ feel afraid,
          |B7
But it's al - right.
           |Dmaj7                    |            |Dm(maj7)                |
The more ___ you stay the same, the more ___ they seem to change.
|                            |
Don't you think it strange?
```

Chorus 2

```
|A                           |B9                       |
Girl, put your records on. ___ Tell me your fav'rite song.
|E13      E9                    |A         |
   You go ahead, let your hair ___ down.
|                            |B9                          |
Sapphire and faded jeans, ___ I hope you get your dreams.
|E13      E9                    |A         |
   Just go ahead, let your hair ___ down.
|Dmaj7                              |Dm6                  |
   You're gonna find yourself some - where, somehow.
```

Bridge

```
|Bm7                                  |                      |
   'Twas more than I could take, pity for pity's sake.
|F#m7                              |N.C.                            |
   Some nights kept me awake, I thought that I was stronger.
|Bm7                       |                              |Dmaj7  Bm7     |
   When you gonna realize that you don't even have to try any   longer?
|Dmaj7                    |
   Do what you want to.
```

Chorus 3

```
|N.C.                         |B9                                  |
Girl, put your records on. ___ Tell me your fav'rite song.
|E13        E9                    |A            |
   You go ahead, let your hair ___ down.
|                             |B9                                    |
Sapphire and faded jeans, ___ I hope you get your dreams.
|E13        E9                    |A            |
   Just go ahead, let your hair ___ down.
```

Outro-Chorus

```
|A                            |B9                                  |
Girl, put your records on. ___ Tell me your fav'rite song.
|E13        E9                    |A            |
   You go ahead, let your hair ___ down.
|                             |B9                                    |
Sapphire and faded jeans, ___ I hope you get your dreams.
|E13        E9                    |A            |
   Just go ahead, let your hair ___ down.
|    Dmaj7                             |Dm(maj7)       |Amaj9      |
Ooh, ___ you're gonna find yourself some - where, somehow.
```

Run Around

Words and Music by
John Popper

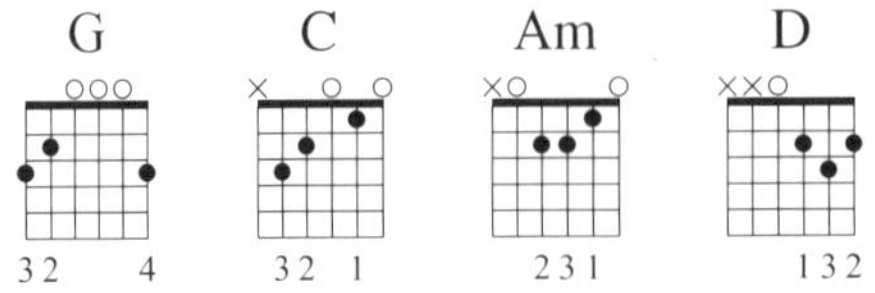

Intro

𝄆 G C Am | D 𝄇 *Play 6 times*

Verse 1

|G C Am | D
Oh, once up - on a mid - night dearie
G| C Am |D
I woke with some - thing in my head.
G| C Am| D
I couldn't es - cape the mem - o - ry
G | C Am| D
Of a phone call and of__ what you said.
G| C Am| D
Like a game show contestant with a parting gift,
G | C Am |D
I could not be - lieve my eyes
G| C Am| D
When I saw through the voice of a trust - ed friend
G| C Am| D
Who needs to humor me and tell me lies.
G| C Am| D
Yeah, hu - mor me and tell me lies.
|G C Am| D
And I'll lie too, and say I don't mind,
G| C Am | D
And as we seek,__ so shall we find.
G| C Am| D
And when you're feel - ing open I'll still be here,
G| C Am | D
But not without a certain de - gree of fear
G| C Am| D
Of what will be with you and me.
G| C Am| D
I still can see things hope - ful - ly.

Chorus 1

```
       G|   C  Am|
But you,
D               G|            C      Am      |
Why you wan - na give me a runa - round?
|D   G    |      C        Am    |      D
Is it a sure - fire__ way to speed things up?
    G|          C     Am| D       |G    C   Am| D
When all it does is slow__________me down.
```

Verse 2

```
    |G     C          Am |        D
And shake me and my con - fidence
G     |      C            Am  | D
'Bout a great many things,
                G|      C    Am | D
But I've been__ there, I can see it cower
         G|              C                Am   | D
Like a ner - vous magi - cian waiting in the wings
    G  |C             Am|        D
Of a bad play where the he - roes are right
 G|        C            Am   |    D
And nobody thinks or ex - pects too much.
G  |               C         Am|       D
And Hollywood's calling for the movie rights,
          G    |          C         Am    |D
Singing, "Hey, babe, let's__ keep in touch."
    G  |        C       Am     D
Hey, ba - by, let's__ keep in touch."
     G    |          C    Am  |            D
But I want more than a touch, I want you to reach__ me
 G|            C                Am|    D
And show me all the things no one else can see.
G|        C           Am  |  D
So what you feel becomes mine as well.
G  |               C            Am|       D
And soon, if we're lucky, we'd be un - able to tell
G     |          C    Am|         D
What's yours and mine, the fishing's fine,
       G    |          C             Am|         D
And it does - n't have to rhyme, so don't you feed me a line.
```

Chorus 2 *Repeat Chorus 1*

Solo

```
||: G   C    Am  |  D      :||
```
Play 6 times

Verse 3

```
               |G     C
Tra, la, la bom - ba, dear,
     Am|        D
This is the pilot speaking,
         G|             C           Am | D
And I've    got some__ news for you.
           G|           C
It seems my ship still stands
          Am|           D
No mat - ter what you drop,
                 G|           C              Am  | D
And there ain't a whole lot that you can do.
          G  |             C
Oh, sure, the banner may be torn
         Am    |        D
And the wind's gotten colder,
G|           C                      Am|     D
    Perhaps I've grown a little cyni - cal,
G    |           C                      Am|      D
But I know no mat - ter what the wait - ress brings
               G|   C           Am|     D
I shall drink__ in and always be   full.
              G|          C           Am|     D
Yeah, I will__ drink it and always be   full.
G|        C             Am|      D
Oh, I like__ coffee and I     like tea,
G     |        C         Am|   D
But to be able to enter a fi - nal plea.
G|       C                     Am|       D
I still got this dream that you just can't shake,
G|           C                  Am|        D
I love you to the point you can no longer take.
               G | C    Am|        D
Well, alright,__ okay, so be that way,
G|          C                 Am   |              D |
I hope and pray that there's some - thing left to say.
```

Chorus 3

```
      G   |C   Am |
But you,
D                 G|            C       Am      |
Why you wan - na give me a runa - round?
D           G|    C          Am    |       D
Is it a sure - fire__ way to speed things up?
      |G          C       Am|       D
When all it does is slow me down?
    |G    C   Am |
Oh, you.
|D                G|            C       Am      |
Why you wan - na give me a runa - round?
|D          G|    C          Am    |       D
Is it a sure - fire__ way to speed things up?
G     |           C       Am| D   G |       C    Am| D   G |
When all it does is slow________ me down?
```

Outro

```
||: G   C     Am  |   D       :||
```
Repeat and fade

Runaway Train

Words and Music by
David Pirner

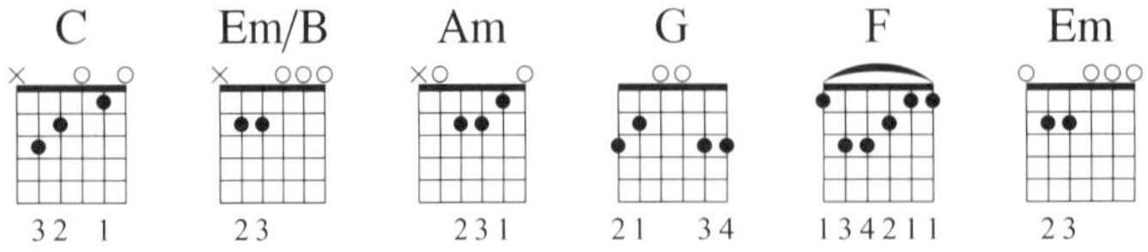

Intro

‖: **C** | :‖

Verse 1

| **C** | |
Call you up in the middle of the night.

| **Em/B** | |
Like a firefly without a light,

| **Am** | |
You were there like a blowtorch burning.

| **G** | |
I was a key that could use a little turning.

| **C** | |
So tired that I couldn't even sleep.

| **Em/B** | |
So many secrets I couldn't keep.

| **Am** | |
Promised myself I wouldn't weep.

| **G** |
One more promise I couldn't keep.

| **F** | **G**
It seems ____ no one can help ____ me now.

| **C** | **Am**
I'm in ____ too deep. There's no ____ way out.

| **F** | **Em** | **G** | |
This ____ time I have real - ly led myself ____ astray.

Chorus 1

|C | |
Runaway train never going back.
|Em/B | |
Wrong way on a one way track.
|Am | |
Seems like I should be getting somewhere.
|G | | | |
Somehow I'm neither here nor there.

Verse 2

|C | |
Can you help me remember how to smile,
|Em/B | |
Make it somehow all seem worthwhile?
|Am | |
How on earth did I get so jaded?
|G | |
Life's mystery seems so faded.
|C | |
I can go where no one else can go.
|Em/B | |
I know what no one else knows.
|Am | |
Here I am just drownin' in the rain
|G |
With a ticket for a runaway train.
|F |G
And ev - 'rything seems cut ___ and dry.
|C |Am
Day ___ and night, earth _____ and sky.
|F |Em |G | |
Some - how I just don't believe _____ it.

Chorus 2 *Repeat Chorus 1*

Interlude	| C	|	| Em/B	|	|
	| Am	|	| G	|	|
	| F	| G	| C	| Am	|
	| F	| Em	| G	|	|

Verse 3

| C | |
Bought a ticket for a runaway train.
| Em/B | |
Like a madman laughin' at the rain.
| Am | |
A little out of touch, little insane.
| G | |
It's just easier than dealing with the pain.

Chorus 3

Repeat Chorus 1

Chorus 4

| C | |
Runaway train never comin' back.
| Em/B | |
Runaway train tearin' up the track.
| Am | |
Runaway train burn - in' in my veins.
| G | |
Runaway, but it always seems the same.

Outro

Repeat Verse 1 (Instrumental) and fade

She Will Be Loved

Words and Music by
Adam Levine and James Valentine

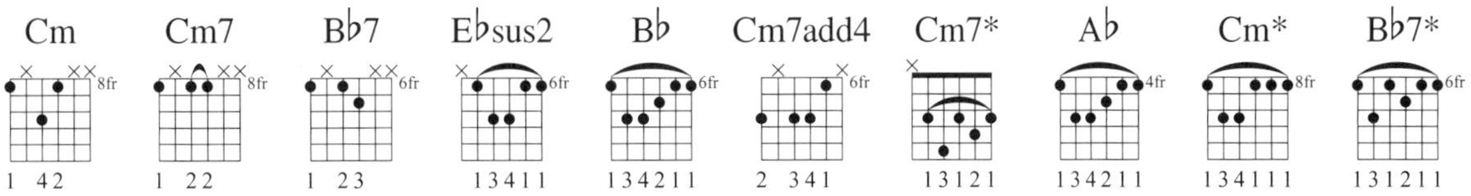

Intro | Cm Cm7 B♭7 | | Cm B♭7 | |

Verse 1

|Cm Cm7 B♭7|
Beauty queen of on - ly eighteen,
|Cm B♭7| |
She ___ had some trouble with herself.
|Cm Cm7 B♭7 |
He was always there to help her,
|Cm B♭7 | |
She always belonged to some - one else.
|Cm Cm7 B♭7 |
I drove for miles and miles
|Cm B♭7 |
And wound ___ up at your door.
|Cm Cm7 B♭7|
I've had you so many times,
|Cm B♭7 | |
But some - how I want more.

Chorus 1

```
|E♭sus2                    |B♭           |
    I don't mind spending every day
|Cm7add4                   |B♭7          |
    Out on your corner in the pouring rain.
|E♭sus2                    |B♭7          |
    Look for the girl with the broken smile,
|Cm7*                      |A♭
    Ask her if she wants to stay a while.
              |E♭sus2      |B♭           |Cm7*      |A♭   |        |
And she will ___ be loved, ___ and she will ___ be loved.
```

Verse 2

```
        |Cm        Cm7      B♭7|
    Tap on my window, knock on my door.
     |Cm                   B♭7    |      |
I    want to make you feel beauti - ful.
|Cm        Cm7     B♭7|           |
    I know I tend to get    so insecure,
|Cm            B♭7  |        |
    Doesn't matter any - more.
|Cm    Cm7        B♭7  |
    It's not always rain - bows and butterflies,
            |Cm                      B♭7 |      |
It's com - promise that moves us a - long. Yeah.
|Cm           Cm7       B♭7    |
    My heart is full and my door's always open.
            |Cm              B♭7  |      |
You come ___ anytime you want, yeah.
```

Chorus 2

```
|E♭sus2                    |B♭           |
    I don't mind spending every day
|Cm7add4                   |B♭7          |
    Out on your corner in the pouring rain.
|E♭sus2                    |B♭7          |
    Look for the girl with the broken smile,
|Cm7add4                   |A♭
    Ask her if she wants to stay a while.
              |E♭sus2      |B♭           |Cm7add4   |A♭
And she will ___ be loved, ___ and she will ___ be loved.
              |E♭sus2      |B♭           |Cm7add4   |A♭   |
And she will ___ be loved, ___ and she will ___ be loved.
```

Bridge

```
|Cm*                           |Bb7*                  |Cm*
   I know where you hide ___ alone in your car,
                     |Bb7*                              |Cm*
Know all the things ___ that make you who you are.
                      |Bb7*                     |Cm*
I know that goodbye ___ means nothing at all,
                                           |Bb7*                |Ab      |        |
Comes back and begs me catch her ev'ry time she    falls, yeah.
|Cm             Cm7       Bb7|
   Tap on my window, knock on my door,
 |Cm                              Bb7  |      |
I    want to make you feel beauti - ful.
```

Chorus 3

```
|Ebsus2                      |Bb          |
   I don't mind spending every day
|Cm7add4                         |Bb7          |
   Out on your corner in the pouring rain.
|Ebsus2                        |Bb7           |
   Look for the girl with the broken smile,
|Cm7*                      |Ab
   Ask her if she wants to stay a while.
             |Ebsus2          |Bb               |Cm7*        |Bb
And she will ___ be loved, ___ and she will ___ be loved.
             |Ebsus2          |Bb               |Cm7*        |Ab     |
And she will ___ be loved, ___ and she will ___ be loved.
|Ebsus2 Bb       |Cm7*       |Bb           |
             Yeah, ___ yeah, ___ yeah.
|Ebsus2                      |Bb          |
   I don't mind spending every day
|Cm7*                            |Ab           |
   Out on your corner in the pouring rain.
```

Outro

```
| Ab          |      |        |         |       |
(Please don't try so hard to say good - bye.)
```

Skinny Love

Words and Music by
Justin Vernon

Tuning:
(low to high) C-G-E-G-C-C

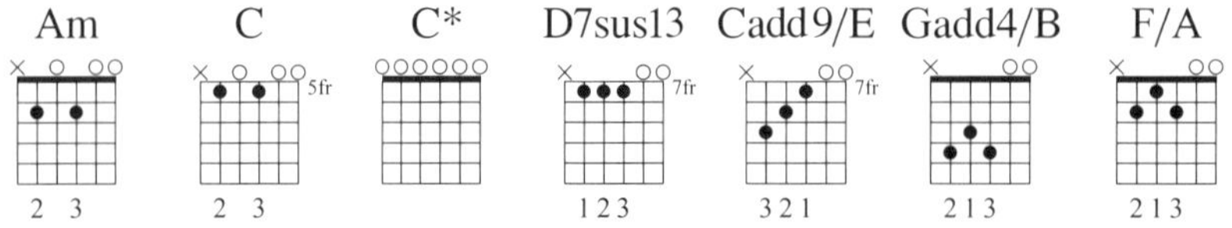

Intro

||: Am | C | C* | :|| *Play 3 times*
| D7sus13 | | Am | C |
| C* | | | |

Verse 1

|Am |C |C* |
Come on skinny love just lasts a year,
|Am |C |C* |
So pour a little salt we were never here.
|Am |C |C* |
My, my, my, my, my, my, my, my,
| |D7sus13 | |Am | |
Staring at the sink of blood and crushed veneer.

Interlude 1

| C | | | |

Verse 2

|Am |C |C* | |
I tell my love to wreck it all,
|Am |C |C* |
Cut out all the ropes and let me fall.
|Am |C |C* |
My, my, my, my, my, my, my, my,
|D7sus13 | |Am |
Right in this moment this order's tall.

Chorus 1

```
       |Cadd9/E           |
And I told you to be pa - tient,
       |Gadd4/B     |F/A
And I told you to be fine.
       |Cadd9/E           |
And I told you to be ba - lanced,
       |Gadd4/B     |F/A
And I told you to be kind.
              |Cadd9/E             |
And in the morning I'll be with you,
            |Gadd4/B     |F/A
But it will be a different kind.
              |Cadd9/E             |
And I'll be holding all the tick - ets,
                  |Gadd4/B     |F/A  |    |    |    |
And you'll be owning all the fines.
```

Verse 3

```
Am               |C                        |C*     |    |
Come on skinny love what happened here?
|Am            |C                     |C*       |
Suckle on the hope in light bras - sieres,
          |Am            |C           |C*    |
My, my, my, my, my, my, my, my,
                  |D7sus13 |           |Am    |    |
Sullen load is full, so    slow on the split.
```

Interlude 2

Repeat Interlude 1

Chorus 2

```
       |Cadd9/E            |
And I told you to be pa - tient,
       |Gadd4/B      |F/A
And I told you to be fine.
       |Cadd9/E             |
And I told you to be bal - anced,
       |Gadd4/B      |F/A
And I told you to be kind.
           |Cadd9/E                 |
And now all your love is wast - ed,
           |Gadd4/B          |F/A
And then who the hell was I?
          |Cadd9/E                  |
And I'm breaking at the bridg - es,
             |Gadd4/B      |F/A    |      |      |      |
And at the end of all your lines.
```

Bridge

```
|Cadd9/E |          |
   Who will love you?
|Gadd4/B |F/A    |
   Who will fight?
|Cadd9/E | Cadd4/B     |F/A     |       |
   Who will fall ___ far be - hind?
```

Outro

```
||: Am      | C        | C*       |          :||  Play 3 times
| D7sus13  |          | Am       |    C    |
|          |
```

Some Nights

Words and Music by
Jeff Bhasker, Andrew Dost, Jack Antonoff
and Nate Ruess

(Capo 3rd fret)

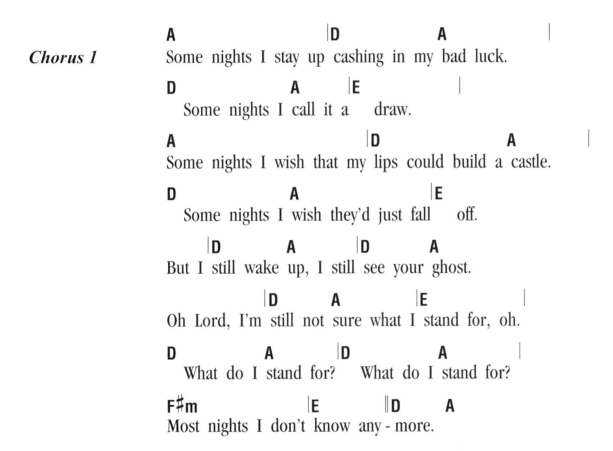

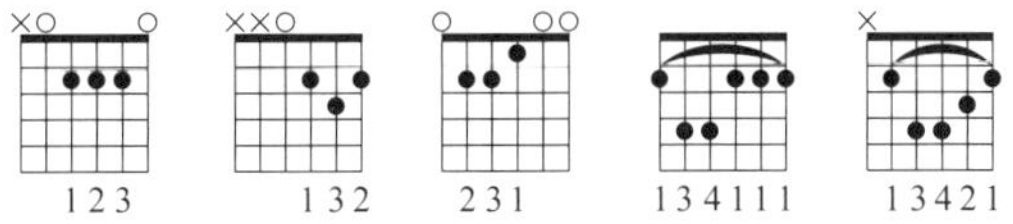

Chorus 1

```
A                          |D               A              |
Some nights I stay up cashing in my bad luck.
D                   A        |E                |
   Some nights I call it a     draw.
A                                 |D                 A        |
Some nights I wish that my lips could build a castle.
D                   A                   |E
   Some nights I wish they'd just fall     off.
       |D         A        |D         A
But I still wake up, I still see your ghost.
                 |D        A            |E            |
Oh Lord, I'm still not sure what I stand for, oh.
D                A         |D              A          |
   What do I stand for?    What do I stand for?
F♯m                    |E           ||D        A
Most nights I don't know any - more.
```

Interlude 1

|D A |D A |E |
Oh, woh, oh, woh, oh.

D A |D A |D A |E ‖
Oh, oh, woh, oh, woh, oh.

Verse 1

D A |
This is it, boys; this is war.

D A |
What are we waiting for?

D A |E
Why don't we break the rules al - ready?

|D A |
I was never one to believe the hype.

D A
Save that for the black and white.

|D A
I try twice as hard and I'm half as liked,

|E |
But here they come again to jack my style.

Verse 2

‖D A
That's al - right.

|D A
I found a martyr in my bed tonight.

|D A |E
She stops my bones from wondering just who I am,

|D A
Who I am, who I am.

|D A |D A |E
Oh, who am I? Mm, mm.

Chorus 2

```
      ||A                          |D        A
Well, some nights I wish that this all would end
        |D                   A         |E
'Cause I could use some friends for a    change.
    |A                                |D         A
And some nights I'm scared you'll for - get me a - gain.
     |D              A       |E
Some nights I always win (I always win).
     |D       A         |D       A
But I still wake up, I still see your ghost.
             |D        A          |E           |
Oh Lord, I'm still not sure what I stand for, oh.
D           A           |D          A          |
  What do I stand for?    What do I stand for?
F♯m                  |E                       ||
Most nights I don't know. (Oh, come on.)
```

Verse 3

```
D             |A                      |
  So this is it;   I sold my soul for this.
E
  Washed my hands of that for this?
 |E
I miss my mom and dad for this?
   |D                            |
No,    when I see stars, when I see,
A
  When I see stars, that's all they are.
      |E               |                             |D
When I hear songs, they sound like this one, so come on.
            |A               |E              |
Oh, come on.    Oh, come on.    Oh, come on.
```

Verse 4

```
  ‖D              A             |
Well, that is it, guys;   that is all.
D              A                 |
Five minutes in and I'm bored again.
D                 A                  |E
Ten years of this, I'm not sure if any - body understands.
  |D               A                |
This one is not for    the folks at home.
D             A                |
Sorry to leave, Mom; I had to go.
D               A
   Who the fuck wants to die alone
  |E
All dried up in the desert sun?
```

Bridge

```
               ‖D
My heart is breaking for my sister
         |A
And the con that she call love.
              |E                     |
And then I look into my nephew's eyes,
Bm                        |D                  |
   Man, you wouldn't believe    the most amazing things
Bm                      |E          |
   That can come from...
E              |D    A    |D    A    |D    A    |E         |
   Some terrible lies...
D    A    |D    A    |D    A    |E         ‖
Ah.
```

Interlude 2

```
D    A    |D    A    |D    A    |E         |
Oh,       oh, woh,   oh, woh,   oh.
D    A    |D    A    |D    A    |E         ||
Oh,       oh, woh,   oh, woh,   oh.
```

Verse 5

```
D                 A
  The other night  you wouldn't believe
            |D            A                 |
The dream    I just had about you and me.
D                  A                  |E        |
  I called you up but we'd both agree
D    A                        |D    A     |
  It's for the best you didn't lis - ten,
D    A                          |E          |
  It's for the best we get our dis - tance, oh.
D    A                        |D    A     |
  It's for the best you didn't lis - ten,
D    A                          |E          ||
  It's for the best we get our dis - tance, oh.
```

Outro

Repeat and fade

```
||: D    A    |D    A    |D    A    |E        :||
```

Sunny Came Home

Words and Music by
Shawn Colvin and John Leventhal

Capo 2nd fret

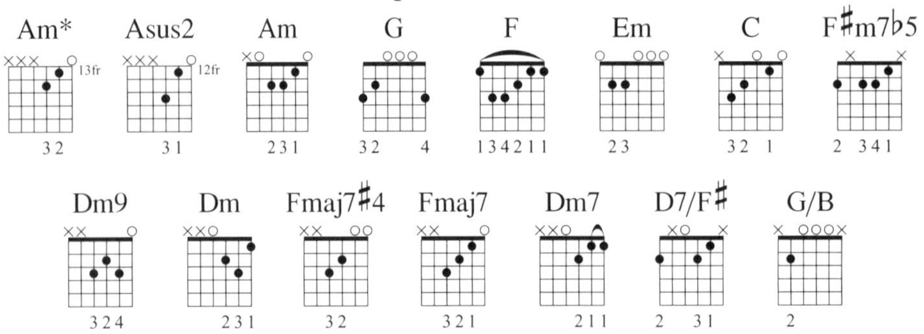

Intro

‖: **Am*** **Asus2** | **Am*** **Asus2** :‖
| **Am** **G** | **F** **Em** | **Am** **G** | **C** **G** |
| **F♯m7♭5** **G** | **F** **Em** | **F** **G** | **Dm9** |

Verse 1

| **Am** **G** | **F** **Em** |
Sunny came home to her fav'rite room.
| **Am** **G** | **C** **G** |
Sunny sat down in the kitchen.
| **F♯m7♭5** **G** | **F** **Em** |
She opened a book and a box of tools.
| **Dm** **Am** | **Fmaj7♯4** **Fmaj7**
Sunny came home with a mission.

Chorus 1

| **C** **G** | **Dm7** **F**
She says, "Days ___ go by, ___ I'm hyp - notized,
| **C** **G** | **Dm7**
I'm walk - ing on ___ a wire.
| **C** **G**
I close ___ my eyes
| **Dm7** **Am** | **D7/F♯**
And fly out of ___ my mind
G | **Fmaj7** |
Into the fire."

Interlude 1

```
|Am   G   |F    Em   |Am   G    |C    G    |
```

Verse 2

```
|Am            G           |C            G  |
   Sunny came home with a list of names.
|Am                     G          |C         Em |
   She didn't believe ___ in tran - scendence.
|F                G             |Am            G |
   "It's time for a few small re - pairs," she said,
|Dm7                 Am         |Fmaj7#4     Fmaj7
   But Sunny came home with a vengeance.
```

Chorus 2

```
                   |C           G           |Dm7           F
She says, "Days ___ go by, ___ I don't ___ know why
          |C          G         |Dm7
I'm walk - ing on ___ a wire.
          |C          G
I close ___ my eyes
        |Dm7       Am           |D7/F#
And fly    out of ___ my mind
G            |Fmaj7
   Into the fire."
```

Bridge

```
    |G/B           Em              |F
Get ___ the kids ___ and bring ___ a sweater.
    |G/B           Em              |F
Dry ___ is good ___ and wind ___ is better.
      |G/B            Em          |F
Count ___ the years ___ you al - ways knew it.
      |G/B            Em      |Fmaj7#4      Fmaj7
Strike ___ a match, ___ go on ___ and do ___ it.
```

Chorus 3

```
               |C            G           |Dm7      F
Oh, days ___ go by, ___ I'm hyp - notized,
             |C          G           |Dm7
I'm walk - ing on ___ a wire.
             |C          G
I close ___ my eyes
         |Dm7         F            C |
And fly     out of ___ my mind
|        G          |Dm7
Into ___ the fire.
               |C            G              |Dm7         F
Oh, light ___ the sky ___ and hold ___ on tight,
                 |C          G          |Dm7
The world ___ is burn - ing down.
                |C             G            |Dm7
She's out ___ there on ___ her own
                Am          |D7/F#
And she's ___ alright.
G                |Fmaj7 |F#m7b5 |Am   |D7/F#
   Sunny came home.
                |Am*  Asus2 |Am*  Asus2 |Am*  Asus2 |
Sunny came home.                          Mm.
|Am*  Asus2 |Am*  Asus2 |Am*  Asus2 |Am* |Asus2 |Am* |Asus2 |
           Mm.
```

Outro

```
| Am*  Asus2  | Am*  Asus2  | Am*  Asus2  | Am*  Asus2  |
| Am*  Asus2  | Am*  Asus2  | A5
```

Trouble

Words and Music by
Ray LaMontagne

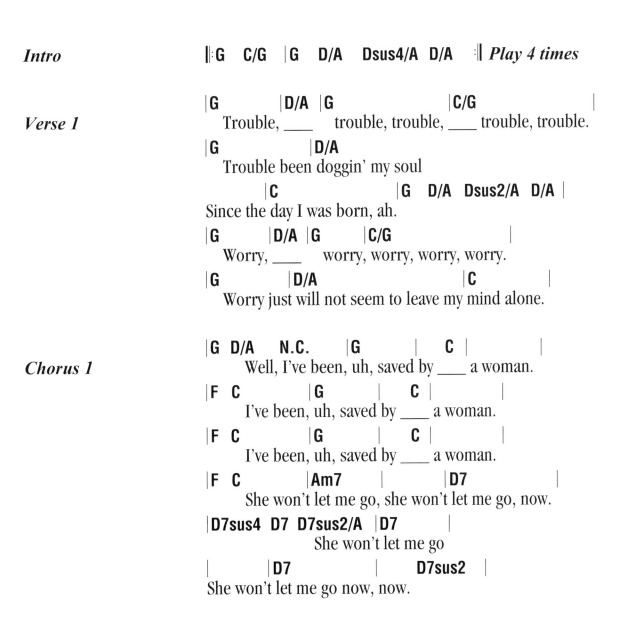

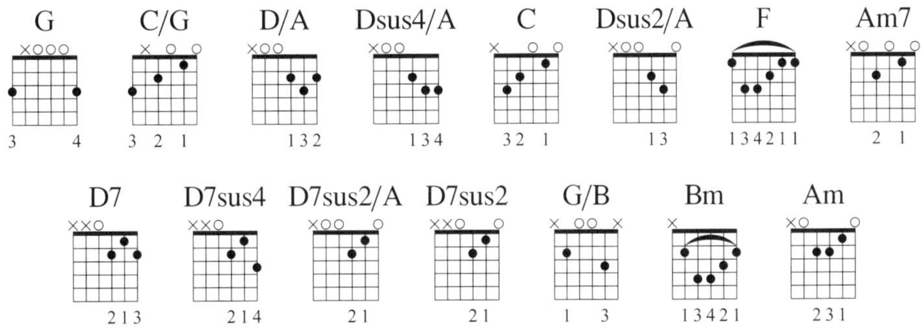

Intro

||: G C/G | G D/A Dsus4/A D/A :|| *Play 4 times*

Verse 1

| G | D/A | G | C/G |
Trouble, ___ trouble, trouble, ___ trouble, trouble.

| G | D/A
Trouble been doggin' my soul

| C | G D/A Dsus2/A D/A |
Since the day I was born, ah.

| G | D/A | G | C/G |
Worry, ___ worry, worry, worry, worry.

| G | D/A | C |
Worry just will not seem to leave my mind alone.

Chorus 1

| G D/A N.C. | G | C | |
Well, I've been, uh, saved by ___ a woman.

| F C | G | C | |
I've been, uh, saved by ___ a woman.

| F C | G | C | |
I've been, uh, saved by ___ a woman.

| F C | Am7 | | D7 |
She won't let me go, she won't let me go, now.

| D7sus4 D7 D7sus2/A | D7 |
She won't let me go

| | D7 | D7sus2 |
She won't let me go now, now.

```
Interlude 1     ||: G   C/G   | G   D/A   Dsus4/A   D/A   :||

Verse 2         | G          | D/A        | G                  | C/G                   |
                   Trouble, ___ oh, ___ trouble, trou - ble, trouble, trouble.
                | G                   | D/A
                   Feels like ev'ry time I get back on my feet,
                                     | C                                | G   D/A   Dsus2   D/A |
                She come around ___ and knock me down a - gain.
                | G         | D/A        | G          | C/G                   |
                   Worry, ___ oh, ___ wor - ry, worry, worry, worry.
                | G              | D/A                                  | C                  |
                   Sometimes I swear it feels like this worry ___ is my only friend.

Chorus 2        | G   D/A   N.C.    | G          |      | C              |
                       Well, I've been, uh, saved by ___ a woman.
                | F   C             | G          |   | C              |
                       I've been, uh, saved by ___ a woman.
                | F   C             | G          |   | C              |
                       I've been, uh, saved by ___ a woman.
                | G/B               | Am7        |            | D7              |
                       She won't let me go, she won't let me go, now.
                | D7sus4   D7   D7sus2/A   | Am7          |
                                     She won't let me go,
                |          | D7                  |         |
                She won't let me go now, now.
```

Bridge

```
|C      |Bm  |Am  |G   |
   Oh, ___      ah,
|C   |Bm   |
   Oh.
|Am          |G      C/G |G
   Mm, she good ___  to me, now.
C/G              |G     C/G          |G
   She give me love ___ and af - fection.
C/G        |G      C/G |G
   Say she good ___  to me, now.
C/G              |G     C/G          |G
   She give me love ___ and af - fection.
C/G        |G         C/G       |G
   I said, I love her.    Yes, I love her.
C/G        |G         C/G        |G    C/G
   I said, I love her.    I said, I love.
    |G     C/G |G
She good ___  to me, now.
C/G  |G            C/G     |G            C/G |
   She good to me.    She good to me.
```

Outro

```
|G   C/G |G   C/G  |G
Mm, _______ mm,
C/G |G   C/G |G   C/G |G     |      |
Mm, ___ mm.
```

Toes

Words and Music by
Shawn Mullins, Zac Brown,
Wyatt Durrette and John Driskell Hopkins

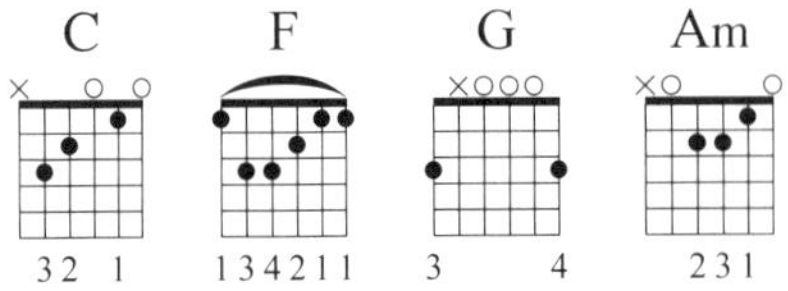

Intro

C |F |C |G |C |F |C G |C

Chorus 1

‖C |F
I got my toes in the water, ass in the sand.
 |C   Am |G
Not a wor - ry in the world,   a cold beer in my hand.
 |F |G |C
Life is good today.   Life is good today.

Verse 1

‖C |F
Well, the plane touched down just about three o'clock
 |C |G
And the cit - y's still on my mind.
 |C |F
Bi - kinis and palm trees danced in my head;
 |C   G |C
I was still in the bag - gage line.
 |C |F
Con - crete and cars are there own prison bars
 |C |G
Like this life I'm living in.
 |C
But the plane brought me farther;
 |F |C   G |C
I'm sur - rounded by water, and I'm not goin' back again.

Chorus 2

```
            ||C                       |F
I got my toes in the water, ass  in the sand.
             |C                   Am       |G
Not a wor - ry in the world,   a cold beer in my hand.
              |F              |G                     |C              |
Life is good   today.            Life is good today.
```

Bridge 1

```
C Tacet                  |F                |
  Adios and vaya con Dios.
F                         |C                |
  Yeah, I'm leaving GA.
                 |G                 |
And if it weren't  for tequila and pretty señoritas,
    |G                         |C               |
I'd,  I'd have no reason to stay.
C Tacet                  |F                |
  Adios and vaya con Dios,
F                         |C                |
  Yeah, I'm leaving GA.
       |G                        |                        |
Gonna lay in the hot sun and roll a big fat one and,
G Tacet                        |C            |F               |
  And grab my guitar and play.
C         |G         |C         |F         |C    G    |C
```

Verse 2

```
                ||C                         |F
Well, four days  flew by like a drunk  Friday night
               |C                        |G
As the sum - mer drew to an end.
      |C                           |F
They  can't believe that I just  couldn't leave,
           |C     G              |C
And I bid  adieu  to my friends.
           |C                 |F
'Cause my  bartender, she's  from the islands;
     |C                                 |G
Her body's been kissed by the sun.
     |C                          |F
And coconut replaces the smell  of the bar,
               |C             G          |C
And I don't  know if its her   or the rum.
```

Repeat Chorus 2

Bridge 2

```
C Tacet              ||F              |
  Adios and vaya con Dios.
F                    |C               |
  A long way from GA.
             |G                 |                   |
Yes, and all  the muchachas, they call me "Big Poppa"
G                       |C            |
  When I throw pesos their way.
C Tacet              |F               |
  Adios and vaya con Dios.
F                    |C               |
  A long way from GA.
           |G                  |                 |
Someone do me a favor and pour me some Jaeger and
G Tacet                  |C           |F           |
  I'll grab my guitar and play.
C        |G       |C       |F       |C   G   |C        ||
```

Bridge 3

C Tacet || **F** |
Adios and vaya con Dios,

F | **C** |
Going home now to stay.

| **G** | |
The seño - ritas don't *quiero* when there's no *dinero*, yeah,

G | **C** |
And I got no money to stay.

C Tacet | **F** |
Adios and vaya con Dios,

F | **C** | ||
Going home now to stay.

Chorus 3

G |
Just gonna drive up by the lake,

| **C** | **F**
And put my ass in a lawn chair, toes in the clay.

| **C** **Am** | **G**
Not a wor - ry in the world, a PB - R on the way.

| **F** | **G** | **C** | **F** **G** **C** ||
Life is good today. Life is good today.

Upside Down

from the Universal Pictures and Imagine Entertainment film CURIOUS GEORGE

Words and Music by
Jack Johnson

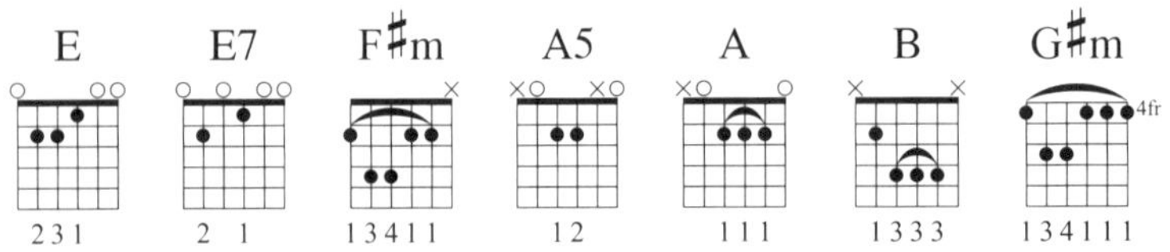

Intro

E E7 | E | F♯m A5 | F♯m |

E E7 | E | F♯m A5 | F♯m ||

Verse 1

E E7 | E
Who's to say what's impossible?
| F♯m A5 | F♯m
But they forgot this world keeps spinning.
| E E7 | E | F♯m A5 |
And with each new day I can feel a change in everything.
F♯m | E E7 |
And as the surface breaks, re - flections fade.
E | F♯m A5 |
But in some ways they re - main the same.
F♯m | E E7 |
And as my mind begins to spread its wings,
E | F♯m A5 |
There's no stopping curi - osity.

Chorus 1

```
F♯m                              ||E     F♯m       |
   I want to turn the whole thing upside    down.
A              B                 |E      F♯m       |
 I'll find the things they say just can't be   found.
A               B              |E    F♯m       |
 I'll share this love I find with every  -  one.
A                B               |E      F♯m       |
 We'll sing and dance to Mother Nature's    songs.
A                   B                ||
 I don't want this feeling to go away.
```

Interlude

```
E           E7 |E              |F♯m          A5|F♯m        |

E           E7 |E              |F♯m          A5|F♯m        ||
```

Verse 2

```
E           E7|E
Who's to say     I can't do everything?
    |F♯m    A5|F♯m                  |E          E7|
Well, I can try     and as I roll along I be - gin to find
E                         |F♯m         A5|
 Things aren't always just what they seem.
```

Chorus 2

```
F♯m                              ||E     F♯m       |
   I want to turn the whole thing upside    down.
A              B                 |E      F♯m       |
 I'll find the things they say just can't be   found.
A               B              |E    F♯m       |
 I'll share this love I find with every  -  one.
A                B               |E      F♯m       |
 We'll sing and dance to Mother Nature's    songs.
```

Bridge

```
A                          B                           ‖G♯m
   This world keeps spinning and there's no
                  |F♯m
Time to waste.
              |G♯m
Well, it all
        |A                        B                              ‖
Keeps spinning, spinning, 'round and 'round and
```

Chorus 3

```
E       F♯m           |
Upside      down.
A                              B                    |E         F♯m            |
   Who's to say what's impossible and can't be      found?
A                         B                          |E              |              |F♯m          |
   I don't want this feeling to go away.
F♯m                              |E              |              |F♯m
      Please don't go away.
  |F♯m                 A                |E               ‖
Is this how it's sup - posed to be?
```

Wagon Wheel

Words and Music by
Ketch Secor and Bob Dylan

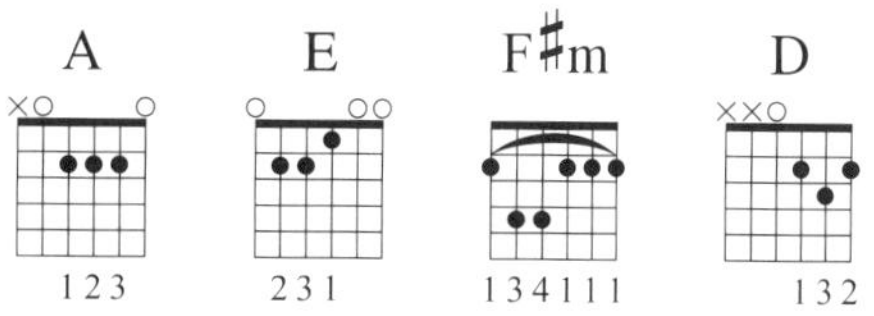

Intro

|: A | E | F♯m | D :|
| A | E | D | |

Verse 1

|A |E
Headin' down south to the land of the pines,
|F♯m |D |
I'm thumbin' my way out of North ___ Caroline.
|A |E |D |
Starin' up the road and pray to God I see head - lights.
|A |E
I made it down the coast in seventeen hours.
|F♯m |D
Pick - in' me a bouquet of dog - wood flowers.
|A |E |D |
And I'm a hopin' for Raleigh, I can see my baby tonight.

Chorus 1

```
      |A                  |E
So, rock ___ me, mama, like a wagon wheel.
     |F#m               |D
Rock ___ me, mama, any way you feel.
     |A  |E             |D      |
Hey, _____ mama, rock ___ me.
      |A                     |E
Rock ___ me, mama, like the wind and the rain.
     |F#m                  |D
Rock ___ me, mama, like a southbound train.
     |A  |E             |D      |
Hey, _____ mama, rock ___ me.
```

Fiddle Solo 1

```
|A        |E        |F#m      |D        |
|A        |E        |D        |         |
```

Verse 2

```
|A                   |E
Runnin' from the cold up in New England,
    |F#m                        |D
I was born to be a fiddler in an old time string band.
  |A                   |E                  |D    |    |
My baby plays the guitar,   I pick a banjo now.
   |A                        |E
Oh, north country winters keep a gettin' me down.
      |F#m                     |D
Lost my money playin' poker, so I had to leave town.
    |A                  |E                 |D     |
But I ain't turnin' back to livin' that old life no more.
```

Chorus 2 *Repeat Chorus 1*

Fiddle Solo 2 *Repeat Fiddle Solo 1*

Guitar Solo *Repeat Fiddle Solo 1*

Verse 3

```
|A                          |E
Walkin' through the South out of Roanoke,
          |F#m                          |D
I caught a trucker out of Philly, had a nice long toke.
    |A                               |E
But he's a-headin' west from the Cumberland Gap
   |D             |
To Johnson City, Tennessee.
       |A                        |E
I got, ___ I gotta move on be - fore the sun.
          |F#m                          |D
I hear my baby callin' my name and I know that she's the only one.
    |A                     |E              |D      |      |
And if I die in Raleigh, at least I will die    free.
```

Chorus 3

Repeat Chorus 1

Chorus 4

```
           |A                     |E
So, rock ___ me, mama, like a wagon wheel.
     |F#m                  |D
Rock ___ me, mama, any way you feel.
     |A  |E                |D       |
Hey, ______ mama, rock ___ me.
       |A                        |E
Rock ___ me, mama, like the wind and the rain.
     |F#m                    |D
Rock ___ me, mama, like a southbound train.
     |A  |E                |D        |
Hey, ______ mama, rock ___ me.
|        |A  E |F#m |D |A |E |D
Rock me.
```

Outro

Repeat Fiddle Solo 1 and fade

Wanted Dead or Alive

Words and Music by
Jon Bon Jovi and Richie Sambora

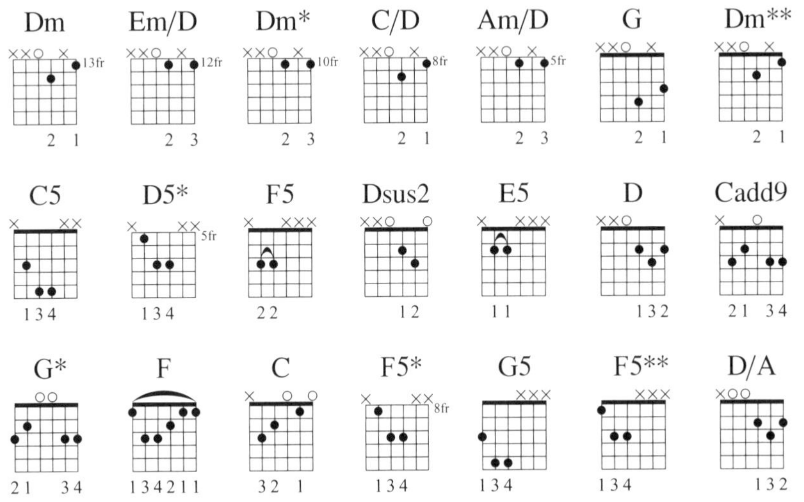

Intro

‖: Dm Em/D Dm* C/D | Am/D G Dm** :‖
‖: N.C.(D5) (D5) (F5) (D5) Dsus2 :‖ *Play 3 times*
| F5 E5 D5 |

Verse 1

| D | Cadd9 G* |
It's all the same, only the names will change.
| Cadd9 G* | F D
Ev'ry day it seems we're wast - ing a - way.
| | Cadd9 G*
An - other place, where the faces are so ___ cold,
| Cadd9 G | F D
I'd drive all night just to get back home.

Chorus 1

| C G* | F D
I'm a cowboy, on a steel horse I ___ ride.
| C G* | C5 D5* F5* D5* |
I'm wanted, dead or a - live.
| C G* | C5 D5* F5* D5* |
Wanted, dead or a - live.

Interlude 1

```
||: Dm  Em/D  Dm*  C/D | Am/D  G   Dm**  :||
```

Verse 2

```
        |D              |Cadd9                  G*
Some - times I sleep, sometimes it's not for days.
    |Cadd9          G*        |   F           D
The people I meet     always go their sep - 'rate ways.
       |                              |Cadd9           G*
Some - times you tell the day by the bottle that you ___ drink.
    |Cadd9                  G*    |   F       D
And times when you're alone, all you do is think.
```

Chorus 2

```
      |C          G*     |F                D
I'm a cowboy,      on a steel horse I ___ ride.
    |C         G*       |C5   D5*  F5*  D5*  |
I'm wanted, (Wanted.) dead or     a  -  live.
|C         G*       |C5   D5*  F5*  D5*  |
Wanted, (Wanted.) dead or     a  -  live.
```

Interlude 2

Repeat Interlude 1

Guitar Solo

```
||: D5*     | C5   G5   | C5   G5   | F5** D5  :||
```

Chorus 3

```
|F  D          |C          G*     |F                D
      Oh, I'm a cowboy,      on a steel horse I ___ ride.
    |C          G*       |N.C.(C5) (D5) (F5) (D5) |
I'm wanted, (Wanted.)  dead        or    a  -  live.
```

Verse 3

```
    |D                          |Cadd9           G*
And I walk these streets, a loaded six string on my ___ back.
|Cadd9          G*        |       F        D
I play for keeps,   'cause I might not make it back.
          |                     |Cadd9   G*
I've been ev'rywhere, still I'm standing tall,
  |Cadd9          G*            |        F       D
I've seen a million faces, and I've rocked them all.
```

Chorus 4

```
              |C         G*     |F              D
'Cause I'm a cowboy,    on a steel horse I ___ ride.
  |C          G*        |C5   D5*  F5*  D5* |
I'm wanted, (Wanted.) dead or    a  -  live.
              |C         G*         |F            D
'Cause I'm a cowboy,    I got the night on my side.
         |C          G*       |C5   D5*  F5*  D5*
And I'm wanted, (Wanted.) dead or    a  -  live,
             |C                   G*  |C5   D5*  F5*  D5*
Dead or a - live, (Dead or a - live.) dead or   a  -  live.
    |C               G*       |C5   D5*  F5*  D5* |
I still drive, (I still ___ drive.) dead or   a  -  live,
|C5  D5*  F5*  G5 |C5   D5*  F5*  D5* |
Dead or    a  -  live, dead or   a  -  live,
|C5  D5*  F5*  G5 |C5   D5*  F5*  D5* |
Dead or    a  -  live, dead or   a  -  live.
```

Outro

```
|Dm   Em/D   Dm*  C/D |Am/D   G    Dm**   |
|Dm   Em/D   Dm*  C/D |Am/D   G    D/A    ||
```

What I Got

Words and Music by Brad Nowell,
Eric Wilson, Floyd Gaugh and Lindon Roberts

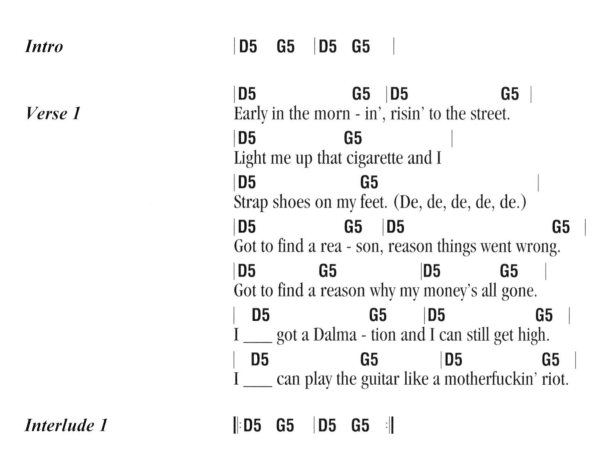

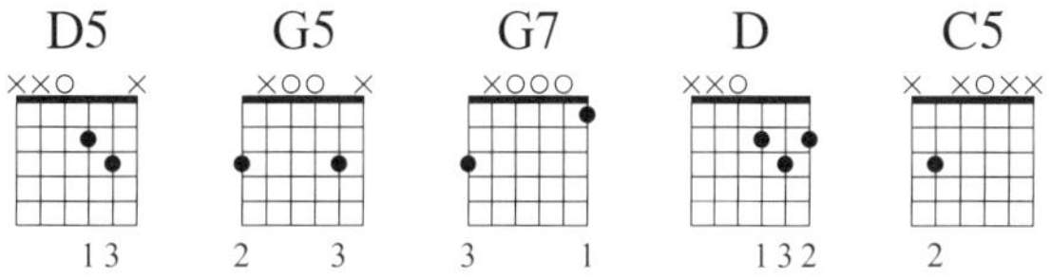

Intro

| D5 G5 | D5 G5 |

Verse 1

| D5 G5 | D5 G5 |
Early in the morn - in', risin' to the street.
| D5 G5 |
Light me up that cigarette and I
| D5 G5 |
Strap shoes on my feet. (De, de, de, de, de.)
| D5 G5 | D5 G5 |
Got to find a rea - son, reason things went wrong.
| D5 G5 | D5 G5 |
Got to find a reason why my money's all gone.
| D5 G5 | D5 G5 |
I ____ got a Dalma - tion and I can still get high.
| D5 G5 | D5 G5 |
I ____ can play the guitar like a motherfuckin' riot.

Interlude 1

||: D5 G5 | D5 G5 :||

Verse 2

```
          |D5                    G5
Well, life is (too short) so love ___ the one you got
            |D5                    G5          |
'Cause you might get run over or you might get shot.
|D5                      G5              |
Never start no static, I just get it off my (chest.)
|D5                      G5            |
Never had to battle with no bulletproof (vest.)
|D5                         G5            |
Take a small example, take a ti-ti-ti-tip from me.
|D5                          G5
Take all of your money, give it all (to char-i-ty-ty-ty-ty.)
    |D5              G5
Love is what I got, it's within my reach
        |D5                        G5
And the Sublime style's still straight ___ from Long Beach.
              |D5                    G5                  |
It all comes ___ back to you, you fin'lly get what you deserve.
|D5                 G5                 |
Try to test that, you're bound to get served.
|D5                  G5
Loves what I got, don't start a riot.
   |D5                       G5 |
You feel it when the dance gets hot.
```

Chorus 1

```
|D5    G5               |D5            G5          |
Lovin'     is what I got. ___ I said re - member that.
|D5    G5               |D5            G5          |
Lovin'     is what I got, ___ and re - member that.
|D5    G5               |D5            G7          |
Lovin'     is what I got. ___ I said re - member that.
|D     G5                |D             G7        |
Lovin'     is what I got, ___ I got, I got, ___ I got.
```

```
           |D5                     G5                |
*Verse 3*  Why, I don't cry when my dog runs away.
           |D5                      G5               |
           I don't get angry at the bills I have to pay.
           |D5                           G5               |
           I don't get angry when my mom smokes pot,
           |D5                          G5               |
           Hits the bottle and moves right to the rock.
           |D5                       G5
           Fuckin' and fightin', it's all the same.
                 |D5                          G5                |
           Livin' with Louie Dog's the only way to stay sane.
           |D5                 G5                   |D5        |
              Let the lovin', let the lovin' come back ___ to me.
```

Interlude 2

```
||: D5  C5  G5 | D5  C5  G5 :|| D5   |   |
```

Chorus 2

```
          |D5   C5   G5          |D5             C5            G5 |
'Cause lovin'     is what I got. ___ I said re - member that.
|   D5  C5   G5         |D5          C5          G5 |
Lov - in'     is what I got, ___ and re - member that.
|   D5  C5   G5         |D5            C5          G5 |
Lov - in'     is what I got. ___ I said re - member that.
|   D5  C5   G5         |D5               C5      G5 |
Lov - in'     is what I got, ___ I got, I got, ___ I got.
```

Outro

```
| D5   G5  | D5   G7   | D    ||
```

Yellow

Words and Music by Guy Berryman,
Jon Buckland, Will Champion and Chris Martin

Tuning:
(low to high) E - A - B - G - B - D♯

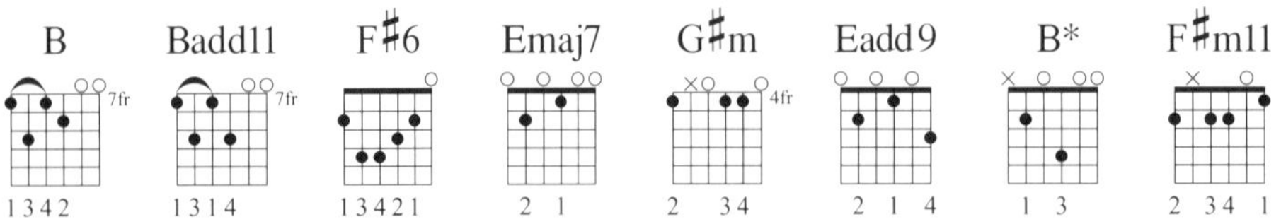

Intro

B	Badd11	B	Badd11
B	Badd11	F♯6	
Emaj7		B	Badd11

Verse 1

| B | | F♯6 |
Look at the stars, look how they shine for ___ you,
| | Emaj7 | |
And ev'rything you do, ___ yeah, they were all yellow.
| B | | F♯6 |
I came along, I wrote a song for ___ you,
| | Emaj7 | | B |
And all the things you do, ___ and it was called yellow.
| Badd11 | F♯6 |
So then I took my ___ turn,
| | Emaj7 |
Oh, what a thing to've done,
| | B | Badd11 B |
And it was all yellow.
| Emaj7 | G♯m F♯6 | Emaj7
Your skin, ___ oh yeah, your skin and bones,
| G♯m F♯6 |
Turn in - to some - thing beautiful.
| Emaj7 | G♯m F♯6 | Emaj7 |
And you know, ___ you know I love you so,
| Eadd9 |
You know I love you so.

Interlude 1

| B | | F#6 | |
| Emaj7 | | B | |

Verse 2

| B | | F#6 |
I swam across, I jumped across for ___ you,
| | Emaj7 | |
Oh, what a thing to do, ___ 'cause you were all yellow.
| B | Badd11 | F#6 |
I drew a line, I drew a line for ___ you,
| | Emaj7 | | B | Badd11 B |
Oh, what a thing to do, ___ and it was all yellow.
| Emaj7 | G#m F#6 | Emaj7
Your skin, ___ oh yeah, your skin and bones,
| G#m F#6 |
Turn in - to some - thing beautiful.
| Emaj7 | G#m F#6 | Emaj7 |
And you know, ___ for you I'd bleed myself dry,
| Eadd9 | B | | Emaj7
For you I'd bleed myself dry.

Interlude 2

Repeat Interlude 1

Chorus

| B | | F#6 |
It's true, look how they shine for you,
| | Emaj7 |
Look how they shine for you,
| | B |
Look how they shine for,
| | F#6 |
Look how they shine for you,
| | Emaj7 |
Look how they shine for you,
| |
Look how they shine.

Outro

| B* |
Look at the stars,
| | F#m11 |
Look how they shine for ___ you,
| | Emaj7 |
And all the things that you ___ do.

Who Will Save Your Soul

Words and Music by
Jewel Murray

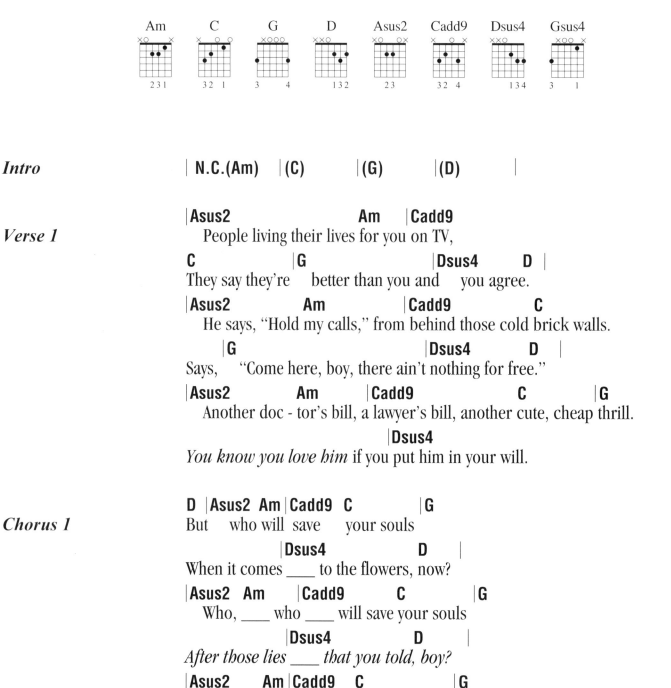

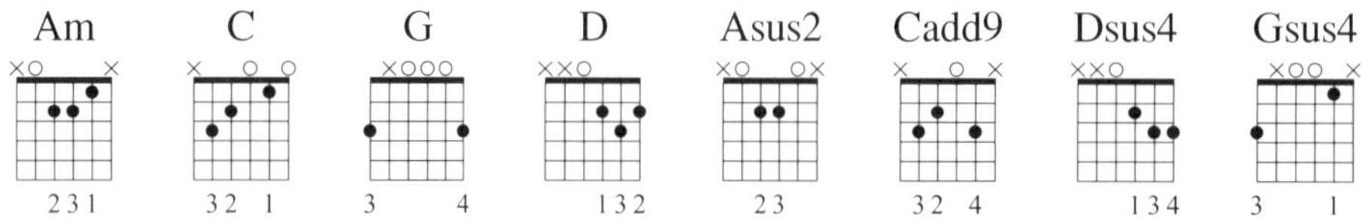

Intro

| N.C.(Am) | (C) | (G) | (D) |

Verse 1

| Asus2 Am | Cadd9
People living their lives for you on TV,
C | G | Dsus4 D |
They say they're better than you and you agree.
| Asus2 Am | Cadd9 C
He says, "Hold my calls," from behind those cold brick walls.
| G | Dsus4 D |
Says, "Come here, boy, there ain't nothing for free."
| Asus2 Am | Cadd9 C | G
Another doc - tor's bill, a lawyer's bill, another cute, cheap thrill.
| Dsus4
You know you love him if you put him in your will.

Chorus 1

D | Asus2 Am | Cadd9 C | G
But who will save your souls
| Dsus4 D |
When it comes ___ to the flowers, now?
| Asus2 Am | Cadd9 C | G
Who, ___ who ___ will save your souls
| Dsus4 D |
After those lies ___ that you told, boy?
| Asus2 Am | Cadd9 C | G
And who will save ______ your souls
| Dsus4 D |
If you won't ___ save your own?
| Asus2 Am |
La, da, da, da, di, da, da,
| Cadd9 C | G | Dsus4 | D |
Da, da, da, ya, di.

Verse 2

```
|Asus2              Am                  |Cadd9                   C
   We try to hustle ___ them, try to bust - le them, try to cuss them.
    |G                                        |Dsus4         D |
The cops want someone to bust down on Or - leans Avenue.
|Asus2          Am      |Cadd9
   Another day, another dollar, another war,
C       |Gsus4         G               |Dsus4                 D |
Another tower went up where the home - less had their homes.
|Asus2        Am        |Cadd9         C          |G
   So we pray to as many diff'rent gods as there are flowers,
               |Dsus4          D |
But we call re - ligion our friend.
|Asus2               Am    |Cadd9
   We're so worried about a saving our souls,
C          |G                                  |Dsus4
Afraid that God will take His toll, that we for - get to begin.
```

Chorus 2

```
D  |Asus2  Am |Cadd9  C         |G
But    who will  save      your souls
              |Dsus4            D    |
When it comes ___ to the betters, now?
|Asus2  Am     |Cadd9       C        |G
   Who, ___ who ___ will save your souls
               |Dsus4             D     |
After those lies ___ that you told, boy?
|Asus2      Am |Cadd9  C          |G
   And who will   save     your souls
           |Dsus4            D   |
If you won't ___ save your own?
|Am                         |
La, da, da, da, di, da, da,
|Cadd9     C     |G  |Dsus4   D |
Da, da, da, ya, di.
```

Interlude

||: N.C.(Em) | :||

Verse 3

|Asus2 Am |Cadd9 C |
Some are walk - ing, some are talk - ing, some are stalk - ing their kill.

|G |Dsus4
Got Social Security, but it doesn't pay your bills.

D |Asus2 Am |Cadd9
There are ad - dictions to feed and there are mouths to pay,

C |Gsus4 G |Dsus4
So you bar - gain with the devil, but you're O - K for today.

D |Asus2 Am |Cadd9
Say that you love them, take their money and run.

C |G |Dsus4 D |Asus2
Say "It's been swell, sweetheart, but it was just one of those things,

Am |Cadd9
Those flings, those strings you got to cut,

C |G |Dsus4 D |Asus2
So get out on the streets, girls, and bust your ___ butts."

Chorus 3

|Am Cadd9 C |G
Who will save _______

|Dsus4 D |Asus2 Am |Cadd9 C |G
Your ________________________ soul?

|Dsus4 D |
Baby, come, ___ little ba - by, yeah.

Outro

||: Asus2 Am | Cadd9 C |
| G | Dsus4 D :|| ***Repeat and fade w/ lead vocal ad lib.***

Guitar Chord Songbooks

Each 6" x 9" book includes complete lyrics, chord symbols, and guitar chord diagrams.

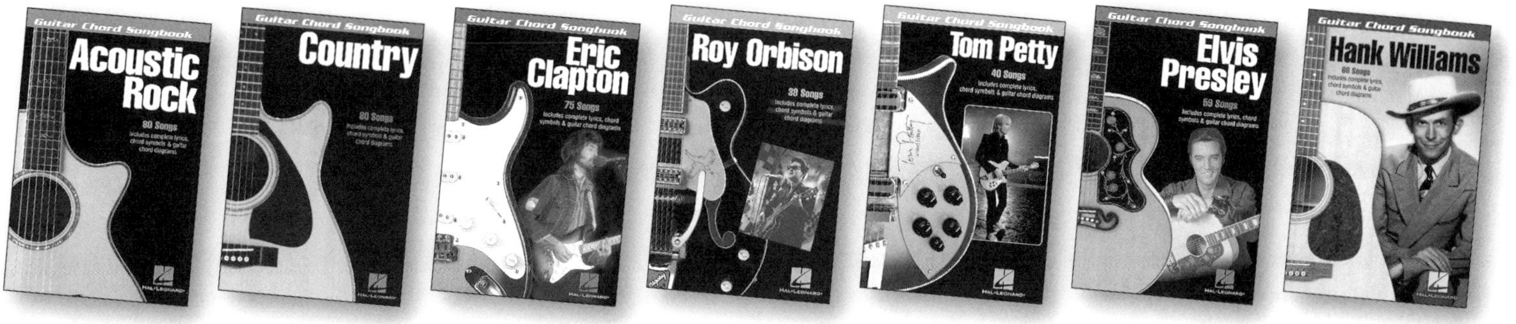

Title	Item No.	Price
Acoustic Hits	00701787	$14.99
Acoustic Rock	00699540	$17.95
Adele	00102761	$14.99
Alabama	00699914	$14.95
The Beach Boys	00699566	$14.95
The Beatles (A-I)	00699558	$17.99
The Beatles (J-Y)	00699562	$17.99
Bluegrass	00702585	$14.99
Blues	00699733	$12.95
Broadway	00699920	$14.99
Johnny Cash	00699648	$17.99
Steven Curtis Chapman	00700702	$17.99
Children's Songs	00699539	$16.99
Christmas Carols	00699536	$12.99
Christmas Songs – 2nd Edition	00119911	$14.99
Eric Clapton	00699567	$15.99
Classic Rock	00699598	$15.99
Coffeehouse Hits	00703318	$14.99
Country	00699534	$14.99
Country Favorites	00700609	$14.99
Country Standards	00700608	$12.95
Cowboy Songs	00699636	$12.95
Creedence Clearwater Revival	00701786	$12.99
Crosby, Stills & Nash	00701609	$12.99
John Denver	02501697	$14.99
Neil Diamond	00700606	$14.99
Disney	00701071	$14.99
The Best of Bob Dylan	14037617	$17.99
Eagles	00122917	$16.99
Early Rock	00699916	$14.99
Folksongs	00699541	$12.95
Folk Pop Rock	00699651	$14.95
40 Easy Strumming Songs	00115972	$14.99
Four Chord Songs	00701611	$12.99
Glee	00702501	$14.99
Gospel Hymns	00700463	$14.99
Grand Ole Opry®	00699885	$16.95
Green Day	00103074	$12.99
Guitar Chord Songbook White Pages	00702609	$29.99
Hillsong United	00700222	$12.95
Irish Songs	00701044	$14.99
Billy Joel	00699632	$15.99
Elton John	00699732	$15.99
Latin Songs	00700973	$14.99
Love Songs	00701043	$14.99
Bob Marley	00701704	$12.99
Bruno Mars	00125332	$12.99
Paul McCartney	00385035	$16.95
Steve Miller	00701146	$12.99
Modern Worship	00701801	$16.99
Motown	00699734	$16.95
The 1950s	00699922	$14.99
The 1980s	00700551	$16.99
Nirvana	00699762	$16.99
Roy Orbison	00699752	$12.95
Peter, Paul & Mary	00103013	$12.99
Tom Petty	00699883	$15.99
Pop/Rock	00699538	$14.95
Praise & Worship	00699634	$14.99
Elvis Presley	00699633	$14.95
Queen	00702395	$12.99
Red Hot Chili Peppers	00699710	$16.95
Rock Ballads	00701034	$14.99
Rock 'n' Roll	00699535	$14.95
Bob Seger	00701147	$12.99
Carly Simon	00121011	$14.99
Sting	00699921	$14.99
Taylor Swift	00701799	$15.99
Three Chord Acoustic Songs	00123860	$14.99
Three Chord Songs	00699720	$12.95
Today's Hits	00120983	$14.99
Top 100 Hymns Guitar Songbook	75718017	$14.99
Two-Chord Songs	00119236	$14.99
Ultimate-Guitar	00702617	$24.99
Wedding Songs	00701005	$14.99
Hank Williams	00700607	$14.99
Stevie Wonder	00120862	$14.99
Neil Young–Decade	00700464	$14.99

Prices, contents, and availability subject to change without notice.

HAL•LEONARD®
CORPORATION
7777 W. Bluemound Rd. P.O. Box 13819 Milwaukee, WI 53213

Visit Hal Leonard online at **www.halleonard.com**

0514

AUTHENTIC CHORDS • ORIGINAL KEYS • COMPLETE SONGS

STRUM IT GUITAR

The *Strum It* series lets players strum the chords and sing along with their favorite hits. Each song has been selected because it can be played with regular open chords, barre chords, or other moveable chord types. Guitarists can simply play the rhythm, or play and sing along through the entire song. All songs are shown in their original keys complete with chords, strum patterns, melody and lyrics. Wherever possible, the chord voicings from the recorded versions are notated.

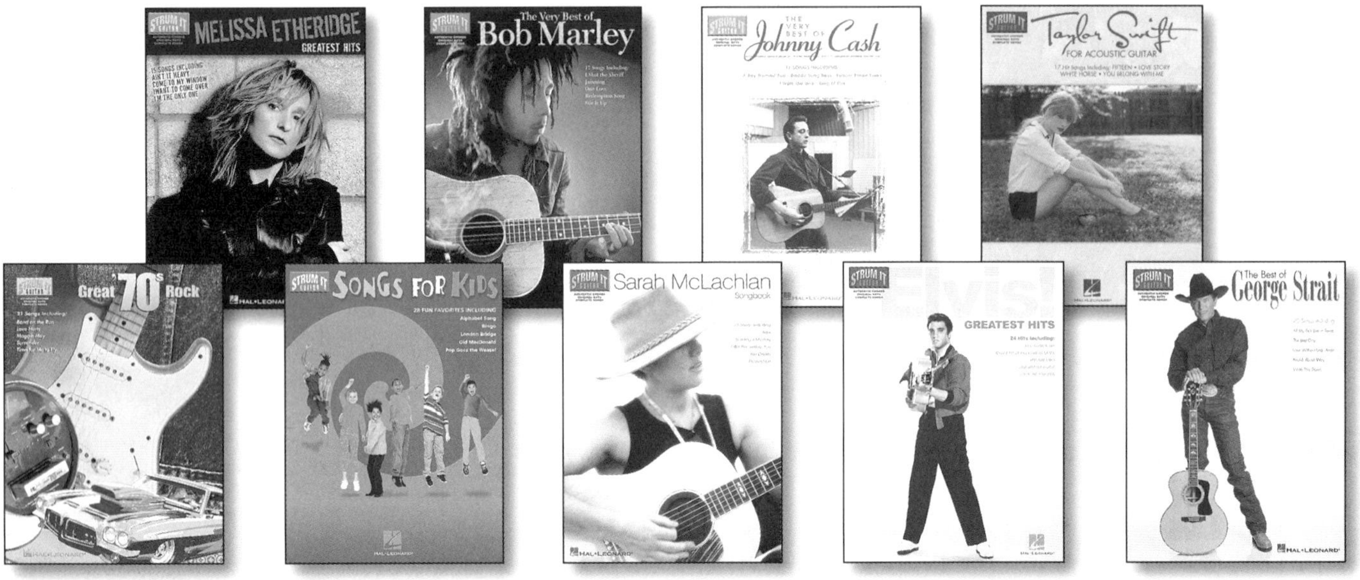

THE BEACH BOYS' GREATEST HITS
_______00699357.......... $12.95

THE BEATLES FAVORITES
_______00699249.......... $14.95

BEST OF CONTEMPORARY CHRISTIAN
_______00699531.......... $12.95

VERY BEST OF JOHNNY CASH
_______00699514.......... $14.99

CELTIC GUITAR SONGBOOK
_______00699265.......... $9.95

CHRISTMAS SONGS FOR GUITAR
_______00699247.......... $10.95

CHRISTMAS SONGS WITH 3 CHORDS
_______00699487.......... $8.95

VERY BEST OF ERIC CLAPTON
_______00699560.......... $12.95

COUNTRY STRUMMIN'
_______00699119.......... $8.95

JIM CROCE – CLASSIC HITS
_______00699269.......... $10.95

VERY BEST OF JOHN DENVER
_______00699488.......... $12.95

NEIL DIAMOND
_______00699593.......... $12.95

DISNEY FAVORITES
_______00699171.......... $10.95

BEST OF THE DOORS
_______00699177.......... $12.99

MELISSA ETHERIDGE GREATEST HITS
_______00699518.......... $12.99

FAVORITE SONGS WITH 3 CHORDS
_______00699112.......... $8.95

FAVORITE SONGS WITH 4 CHORDS
_______00699270.......... $8.95

FIRESIDE SING-ALONG
_______00699273.......... $8.95

FOLK FAVORITES
_______00699517.......... $8.95

GREAT '60s ROCK
_______00699188.......... $9.95

THE GUITAR STRUMMERS' ROCK SONGBOOK
_______00701678.......... $14.99

BEST OF WOODY GUTHRIE
_______00699496.......... $12.95

JOHN HIATT COLLECTION
_______00699398.......... $12.95

THE VERY BEST OF BOB MARLEY
_______00699524.......... $12.95

A MERRY CHRISTMAS SONGBOOK
_______00699211.......... $9.95

MORE FAVORITE SONGS WITH 3 CHORDS
_______00699532.......... $8.95

THE VERY BEST OF TOM PETTY
_______00699336.......... $12.95

POP-ROCK GUITAR FAVORITES
_______00699088.......... $8.95

ELVIS! GREATEST HITS
_______00699276.......... $10.95

BEST OF GEORGE STRAIT
_______00699235.......... $14.99

TAYLOR SWIFT FOR ACOUSTIC GUITAR
_______00109717.......... $16.99

BEST OF HANK WILLIAMS JR.
_______00699224.......... $12.95

HAL•LEONARD®
7777 W. BLUEMOUND RD. P.O. BOX 13819
MILWAUKEE, WISCONSIN 53213
Visit Hal Leonard online at **www.halleonard.com**

0114